少子高齢社会における
経済分析

安岡匡也
Yasuoka Masaya

関西学院大学出版会

少子高齢社会における経済分析

目　　次

○ 第**1**章

育児支援政策と出生率

1 はじめに

　先進諸国では少子高齢化が進んでいるが、その中で日本は特に進んでいる。65 歳以上を高齢者と定義し、全体に対する高齢者の割合を高齢化率という。日本は 4 人に 1 人を超えており、世界で最も高い高齢化率である。一方で、女性が一生の間に産む子ども数である合計特殊出生率は近年、持ち直してきたとはいえ、1.4 程度であり、国としては、積極的な育児支援政策を行い、合計特殊出生率を引き上げたいと考えている。

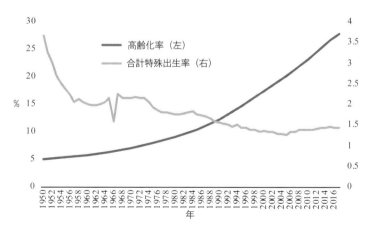

図 1.1　日本の高齢化率と合計特殊出生率の推移

（出所：内閣府「平成 30 年版高齢社会白書」、内閣府「平成 30 年版少子化社会対策白書」より著者作成。ただし、高齢化率は 1950–2015 年までは 5 年ごとと 2017 年の数値、2017 年の合計特殊出生率は厚生労働省「人口動態調査」より作成）

　少子高齢化が問題となる理由は、年金制度などをはじめとする社会保障制度が現役世代の拠出を中心に賄われているためである。現役世代の人口サイズが小さくなっていけば、全体の税収及び社会保険料収入は伸び悩むこととなる。そうなると、高齢者への社会保障給付を十分に行うことができず、給付のカット、または、現役世代と老年世代の負担増を求めなければならないのである。

　育児支援政策は様々な形で存在している。現金給付としては、児童手当や児童扶養手当が挙げられるだろう。児童手当は子ども1人につき、月額いくらという形で給付される。また児童扶養手当は一定水準以下の世帯に対して給付される。また、現物給付というのもあるだろう。例えば、保育園や幼稚園に子どもを親が通わせる場合、その保育園や幼稚園には補助金が投入されている。また、自治体にもよるが、子どもが医療を受ける場合の補助も行われており、子どもが医療を受けた場合、その補助を除いた分だけ支払えば良い。このようにお金を直接もらうのではなく、サービスを低負担で受けることを通じて給付が行われているのが現物給付である。教育に対する補助金は現物給付の1つと言えるだろう。

　このように様々な給付が存在するものの、本章では、ある種の現金給付を子育て世帯に行った場合に出生率がどう変化するのかを説明したい。具体的には児童手当の効果である。

　そのためのモデル設定としては、家計が子ども数を効用最大化の観点から選択する出生率内生化モデルを用いる。出生率内生化モデルで育児支援政策を考察した文献は多くある。例えば、小国開放経済（利子率や賃金率を一定としたモデル経済）での分析として、van Groezen, Leers and Meijdam（2003）がある。それに対して、利子率、賃金率が資本蓄積によって変化する閉鎖経済モデルで小塩（2001）、van Groezen and Meijdam（2008）による考察が行われている。安岡（2006）では主に数値計算によって、閉鎖経済における育児支援政策が出生率にどのような影響を与えるかを分析しているが、上記モデルとの違いは税源の選択を考慮したことで、所得税だけ

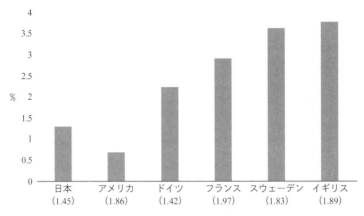

図 1.2　家族関係社会支出の対 GDP 比

（出所：内閣府「平成 30 年版少子化社会対策白書」より著者作成。ただし、国名にあるかっ
　こ内の数値は合計特殊出生率。なお、家族関係社会支出について日本は 2015 年度、その
　他の国は 2013 年度、合計特殊出生率について日本は 2015 年、その他の国は 2013 年である）

でなく、消費税も考慮したモデルである。

　閉鎖経済と開放経済における政策の効果の比較は大切である。なぜな
ら、閉鎖経済において、政策のための税負担増の効果は直接的に家計の可
処分所得を減らして、それが子ども数を増やす効果にマイナスに働くだけ
でなく、家計の可処分所得が減ることを通じて貯蓄が減り、その結果、企
業の投資が減ってしまい、生産性が落ちることを通じて、家計の労働所得
が下がってしまい、それが子ども数を減らす効果につながってしまうから
である。

　以 下 で は van Groezen, Leers and Meijdam（2003）や Yasuoka and Goto
（2011）に基づいた簡略版のモデルを設定し、小国開放経済での育児支援
政策の分析を行い、続いて、小塩（2001）、van Groezen, Leers and Meijdam
（2008）、Yasuoka and Goto（2015）に基づいた閉鎖経済のモデルを設定し、
育児支援政策の分析を行う。

2 モデル設定

はじめに、育児支援政策の分析のための最も簡単なモデルを設定しよう。このモデルにおいては家計と政府が存在する。家計における個人は若年期と老年期の2期間生存する。人生をざっくりと2つの期間に分けるのである。若年期には、非弾力的に1単位の労働を行い、賃金wを得る。そして、その賃金所得を若年期の消費$c_{y,t}$と子育て支出、そして、老年期の消費$c_{o,t+1}$のための貯蓄s_tに配分する。

なお、子育て支出として、子どもを1人育てるのに必要なコストをzとし、育児支援政策による子ども1人当たり受け取る給付の大きさをqとする。具体的には児童手当などを想定しているが、現物給付と考えても差し支えはない。この時、子ども数がn_t人であるとすると、子育てのための支出は、$(z-q)n_t$となる。そして、育児支援政策のための財源を労働所得から徴収するとし、その税率をτとする。なお、tは期間を示し、t期に若年期の者は$t+1$期に老年期の者となる。この時、若年期の予算制約式は次のように示される。

$$c_{y,t} + (z-q)n_t + s_t = (1-\tau)w \tag{1}$$

次に、老年期の行動についてであるが、老年期は労働せず、消費は貯蓄の元本と利子で賄う。老年期の予算制約式は、次のようになる。

$$c_{o,t+1} = (1+r)s_t \tag{2}$$

ここで、rは利子率である。(2) を $s_t = \dfrac{c_{o,t+1}}{1+r}$ として、(1) に代入することによって、生涯の予算制約式を、次のように示すことができる。

$$c_{y,t} + (z-q)n_t + \frac{c_{o,t+1}}{1+r} = (1-\tau)w \tag{3}$$

もし、このモデルのように、非弾力的に一定の時間を労働に充てるとい

うのではなく、個人の選択に応じて労働時間と余暇時間を決められるなら
ば、所得税率の増加により働く時間を減らすことを通じて所得に影響を与
える効果が追加される[1]。どのように税をかけるかについては、得られる
結果に影響を大いに与えることになり、注意が必要だろう。

　さて、次に効用関数 u_t についてであるが、次のように仮定する[2]。

$$u_t = \alpha \ln n_t + \beta \ln c_{y,t} + (1-\alpha-\beta) \ln c_{o,t+1}, 0<\alpha<1, 0<\beta<1, \alpha+\beta<1 \quad (4)$$

　効用関数は消費や子ども数を内生的に決めるために設定されるものであ
り、予算制約式 (3) の制約を満たした上で、効用関数 (4) を最大化するよ
うに消費や子ども数など各配分を家計における個人が選択するのである。

　この効用関数については限界効用逓減の法則が働いている。より詳しく
見るために、$\ln n_t$ を取り出して図示してみよう。

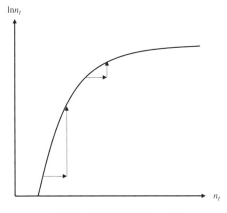

図 1.3　限界効用逓減の法則

1　所得税による税引き後の賃金率の低下は、余暇の機会費用を引き下げるためにそ
　　れが労働供給時間に影響を与えることになる。このモデルでは労働供給時間は固
　　定的であると考えている。

2　これは対数効用関数と言われるものであり、経済モデルの設定ではよく使われる
　　ものである。なお、効用関数をコブ＝ダグラス型として、$u_t = n_t^{\alpha} c_{y,t}^{\beta} c_{o,t+1}^{1-\alpha-\beta}$ と設定
　　しても得られる結果は同じである。

6

　図1.3は子ども数の限界効用逓減の法則を示したものである。子ども数が少ない時は、子ども数を増やすことで効用を大きく増やすことができるが、ある程度の子ども数がいる場合、さらに子ども数を増やすことで追加的に増える効用は小さい。追加的な効用の増加分を限界効用と呼び、この追加的な効用の増加分が小さくなっていくことを限界効用逓減の法則と呼んでいる。若年期の消費、老年期の消費についても同様の法則が成り立っており、追加的な効用の増加を考慮して、子ども数や消費配分を家計における個人は決めるのである[3]。

　では、予算制約式（3）の下で効用関数（4）を最大化する配分を求めてみよう。そのための手法として、ラグランジュ未定乗数法というものがある。ラグランジュ関数 L を、次のように設定する。

$$L = \alpha \ln n_t + \beta \ln c_{y,t} + (1 - \alpha - \beta) \ln c_{o,t+1}$$
$$+ \lambda \left((1 - \tau) w - c_{y,t} - (z - q) n_t - \frac{c_{o,t+1}}{1 + r} \right) \tag{5}$$

　ここで、制約条件を $(1 - \tau) w - c_{y,t} - (z - q) n_t - \frac{c_{o,t+1}}{1 + r} = 0$ として、この式の前にラグランジュ乗数 λ をかけて加える。これがラグランジュ関数である。この関数を、n_t、$c_{y,t}$、$c_{o,t+1}$、λ で微分してゼロと置く。それぞれ微分したものは、次の通りである。

$$\frac{\partial L}{\partial n_t} = \frac{\alpha}{n_t} - \lambda (z - q) = 0 \rightarrow \frac{\alpha}{\lambda} = (z - q) n_t \tag{6}$$

$$\frac{\partial L}{\partial c_{y,t}} = \frac{\beta}{c_{y,t}} - \lambda = 0 \rightarrow \frac{\beta}{\lambda} = c_{y,t} \tag{7}$$

---

[3]　経済学の分析では対数効用関数が用いられることが多い。その理由は、対数効用関数が図1.3に示されるように、限界効用逓減の法則が成立しており、内点解（ある配分がゼロとはならず、すべての配分が正の値となる）を得られるということと、後述の計算結果にもあるように、子ども数や消費がそれぞれ、所得の一定割合の式として導出でき、結果を明示的に示しやすいためである。また、後述するように、資本蓄積の内生化を行い、長期的な分析を行う際にも扱いやすいというメリットがある。

$$\frac{\partial L}{\partial c_{o,t+1}} = \frac{1-\alpha-\beta}{c_{o,t+1}} - \frac{\lambda}{1+r} = 0 \rightarrow \frac{1-\alpha-\beta}{\lambda} = \frac{c_{o,t+1}}{1+r} \tag{8}$$

$$\frac{\partial L}{\partial \lambda} = (1-\tau)w - c_{y,t} - (z-q)n_t - \frac{c_{o,t+1}}{1+r} = 0 \tag{9}$$

これらは一階の条件と言われるもので、最適解の必要条件である。(6)–(8) を (3) に代入すると、次の式が得られる。

$$\frac{1}{\lambda} = (1-\tau)w \tag{10}$$

よって、(10) を (6)–(8) に代入して、子ども数と消費が、次のように決まる。

$$n_t = \frac{\alpha(1-\tau)w}{z-q} \tag{11}$$

$$c_{y,t} = \beta(1-\tau)w \tag{12}$$

$$c_{o,t+1} = (1+r)(1-\alpha-\beta)(1-\tau)w \tag{13}$$

子ども数と消費は所得 $(1-\tau)w$ をベースとして、効用関数のパラメータ（選好パラメータという）に比例的に与えられることが分かる。例えば、α は子ども数の効用の選好パラメータであるが、これが大きくなると、子ども数も増えることとなる。

次に政府の予算制約式について考えたい。政府は若年世代から所得税を徴収し、若年世代に対して、給付を行う。若年世代の人数は N_t、若年世代 1 人当たり子ども数を n_t 人持つと、政府にとっての育児支援政策の必要費用は $qN_t n_t$ となる。そして、その一方で、若年世代からの労働所得税の徴収額は $\tau N_t w$ である。均衡予算で政策を行うとすると、次の式が成立する。

$$\tau N_t w = qN_t n_t \rightarrow \tau w = qn_t \tag{14}$$

この式を (11) に代入して、次の式を得ることができる。

$$n_t = \frac{\alpha w}{z - (1-\alpha)q} \qquad (15)$$

よって、育児支援の給付の大きさ q を増やすと、子ども数 n_t は増えることが分かる。このようにして直感的ではあるが、経済モデルを組み立てて分析する方法に沿って育児支援政策の効果を導出した。

このモデルはかなり簡略化されたものである。次は1つステップを進めて、資本蓄積を内生化させたモデルで育児支援政策について考察を行いたい。

3 資本蓄積を考慮したモデル

前節のモデルは小国開放経済モデルであり、利子率と賃金率は一定の値として外生的に扱った。実際、家計の貯蓄により投資が決まり、それに応じて、生産要素としての資本ストックの水準に影響を与えると考えられることから、この効果を考慮して考えるべきであろう。なお、ここでの家計における個人はこれまで同様、若年期と老年期の2期間生存する。これまでは明示的に説明してこなかったが、このようなモデルは世代重複モデルと言われているものであり、各期を見ると、若年世代と老年世代が併存しているというモデルである。

図 1.4　世代重複モデル

t 期における賃金率を w_t、利子率を r_t とする。この時、個人の生涯の予算制約式 (3) は、次のように修正される。

$$c_{y,t} + (z-q)n_t + \frac{c_{o,t+1}}{1+r_{t+1}} = (1-\tau)w_t \tag{16}$$

そして、最適配分 (11) – (13) は、それぞれ賃金率と利子率に w_t と r_t を入れたものになる。

さて、閉鎖経済で賃金率と利子率を考える場合、企業の行動を考慮する必要がある。これまで経済モデルには家計と政府の 2 つの主体が存在していたが、それに企業という主体が加わる。まず、企業は資本ストック K_t と労働 L_t を投入要素として、財・サービスの生産を行う。その産出量の水準が Y_t である。この投入要素と産出量の関係を示したものを生産関数といい、ここでは次のコブ＝ダグラス型生産関数を仮定する。

$$Y_t = K_t^\theta L_t^{1-\theta}, 0 < \theta < 1 \tag{17}$$

そして、次に企業の利潤最大化行動を考える。財・サービスの価格を 1 とする場合、生産することでの収入は Y_t であり、生産のための費用として、労働者への支払いが $w_t L_t$、資本ストックを借りて生産を行うので、その支払いは $(1+r_t)K_t$ である。なお、ここでは、資本は 1 単位で完全減耗すると仮定する。すなわち、1 期間資本をレンタルして生産に使用すると、その資本は完全に摩耗してなくなってしまうのである。この時、借りた資本そのものも返す必要があるため、$r_t K_t$ ではなく、$(1+r_t)K_t$ となっている。なお、このような生産関数はコブ＝ダグラス型生産関数と言われるものであり、経済学の分析ではよく用いられるものである。

企業は利潤 π_t を最大化する。利潤は次のように定式化できる。

$$\pi_t = K_t^\theta L_t^{1-\theta} - (1+r_t)K_t - w_t L_t \tag{18}$$

企業は利潤を最大化するように、資本ストック K_t と労働 L_t の水準を決める。なお、企業の生産関数の形状から、次のような図を示すことができる。

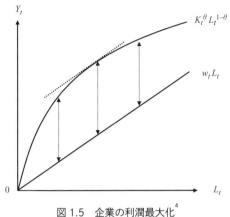

図 1.5　企業の利潤最大化[4]

　図 1.5 は資本ストックを一定とした下で、利潤が最大となる労働投入を
示したものである。労働投入が増えるほど、企業の生産量は増えていく
が、その増え方は、どんどん鈍っていく。これを限界生産性（生産関数の
曲線の点線で示される接線の傾き）が逓減するという。一方で、費用は、
1 単位の労働投入の増加で w_t だけ増える。このことから、1 単位の労働投
入によって追加的に増える w_t だけの費用と追加的に生産が増える限界生
産性が等しくなるように、労働投入を決めるのが最適となる。また資本ス
トックについても同様に考えることができる。

　以上より、π_t を K_t と L_t で微分してゼロと置くことによって、賃金率 w_t
と利子率 r_t を、次のように求めることができる。

$$\frac{\partial \pi_t}{\partial L_t} = (1-\theta)\frac{K_t^\theta}{L_t^\theta} - w_t = 0 \to w_t = (1-\theta)k_t^\theta \tag{19}$$

$$\frac{\partial \pi_t}{\partial K_t} = \theta \frac{L_t^{1-\theta}}{K_t^{1-\theta}} - 1 + r_t = 0 \to 1 + r_t = \theta k_t^{\theta-1} \tag{20}$$

ただし、$k_t = \dfrac{K_t}{L_t}$ であり、これは資本労働比率または 1 人当たり資本

4　接線の傾きは労働の限界生産性、すなわち、労働投入を 1 単位増やすことで何単
　位産出量が増加するかを示したものである。

ストックと言われるものである。

　なお、小国開放経済では利子率と賃金率を一定の値として考えている
が、それは、国内の利子率 (20) が世界利子率と等しいという仮定である。
この時、利子率が世界利子率によって固定されるため、資本ストックも固
定されることとなる。そして、(19) より賃金率も固定されるのである。
小国開放経済で固定的な利子率と賃金率は世界利子率と(19)、(20)によっ
て与えられるのである。以上より、(15) で示される子ども数は

$$n_t = \frac{\alpha w_t}{z-(1-\alpha)q} \tag{21}$$

と示すことができる。

　次に閉鎖経済モデルで考えなければならないことは資本ストック k_t の
動学方程式である。t 期の資本市場において、貯蓄と投資は等しくなる。
そして、投資により翌期の $t+1$ 期の資本ストックが決まるのである。資
本ストックの水準が決まれば利子率も決まることとなる。資本市場の均衡
式は、次のように示すことができる。

$$K_{t+1} = N_t s_t \rightarrow n_t k_{t+1} = s_t \rightarrow n_t k_{t+1} = (1-\tau)w_t - (z-q)n_t - c_{y,t} \tag{22}$$

なお、$n_t = \frac{N_{t+1}}{N_t}$ である。[5] (22) に (11)、(12) をそれぞれ代入すると、
次のように、資本ストックの動学方程式が導出される。

$$k_{t+1} = \frac{(1-\alpha-\beta)(z-q)}{\alpha} \tag{23}$$

　この式が示すように、時間を通じて資本ストックの水準は一定である。
時間に依存しないので k と示す。また、育児支援の給付 q が増えると、資

5　ここでは 1 期で資本ストックが完全に減耗するため、t 期における貯蓄と投資が等
　しくなり、また t 期における投資は $t+1$ 期における資本ストックと等しくなると
　考えて $K_{t+1} = N_t s_t$ が成立する。なお、N_t は t 期における若年世代の人口サイズであ
　り、N_{t+1} は $t+1$ 期における若年世代の人口サイズであり、これらの比率が出生率
　として示されることになる。

12

本ストック k は減少する。k を q で微分することにより、次のように示すことができる。

$$\frac{dk}{dq} = -\frac{1-\alpha-\beta}{\alpha} < 0 \qquad (24)$$

　資本ストックは減少することが分かる。これは、育児支援の給付により子ども数が増える効果が発生することで、資本ストックを人口サイズで割った1人当たり資本ストックで見る限り、直感的な結果である。

　では、次に子ども数の変化について見ていこう。(21) は (19) を考慮すると、次のように示すことができる[6]。

$$\left(z-(1-\alpha)q\right)n = \alpha(1-\theta)k^{\theta} \qquad (25)$$

ここで次のように全微分をする。

$$zdn = (1-\alpha)ndq + \alpha\theta(1-\theta)k^{\theta-1}dk \qquad (26)$$

ここで (24) より $dk = -\frac{1-\alpha-\beta}{\alpha}dq$ を代入すると、子ども数への変化は、次のように示すことができる。

$$\frac{dn}{dq} = \frac{(1-\alpha-\theta)n}{z} \qquad (27)$$

　子ども数が育児支援政策の給付で必ずしも増えるとは限らない。もし、$1-\alpha-\theta > 0$ であれば、子ども数は増えるが、逆に $1-\alpha-\theta < 0$ であれば、子ども数は減ることとなる。これは、資本ストックが政策によって減少する効果が大きいか小さいかを示している。資本ストックが減れば、賃金率は減少するため、子ども数は減少する効果が発生する。(26) の $\alpha\theta(1-\theta)k^{\theta-1}dk$ で示される効果である。一方で、育児支援政策の給付は直接的には子ども数を増やす効果を持つ。(26) の $(1-\alpha)ndq$ で

6　資本ストックは時間を通じて一定の値となり、子ども数も資本ストックが変わらないため、時間に依存せず一定の値となる。なお、ここでは全微分をする際に $q=x=0$ を考慮して、すなわち、$q=x=0$ で評価して微分している。

示される効果である。どちらかの効果が大きいかで育児支援の給付の効果が決定されることとなり、閉鎖経済では必ずしも少子化対策としての育児支援政策が有効ではないことを示している。

4　消費税による財源調達

　では、所得税ではなくて消費税で育児支援の給付の財源を調達した場合を検討してみよう。近年、日本では、社会保障の給付のために消費増税が主張されており、消費税は今後、このような政策を行う際に考えられる財源になり得る。

　消費税の税率を τ_c とし、若年期の消費と老年期の消費に課せられるとしよう。なお、育児支出に対しては、消費税は課せられないと仮定する。それは、育児支出に消費税を課すことで、育児支援の給付の効果が弱まるため、その影響を排除するためである。また、育児支出を保育や教育などの費用ととらえれば、日本では非課税措置とされているので、消費税を育児支出には課さないという仮定は妥当であるとも言える。消費税の場合の生涯の予算制約式は、次のようになる。

$$\left(1+\tau_c\right)c_{y,t}+\left(z-q\right)n_t+\frac{\left(1+\tau_c\right)c_{o,t+1}}{1+r_{t+1}}=w_t \tag{28}$$

　予算制約式（28）の下で効用関数（4）を最大化する配分は、次のように示される。

$$n_t=\frac{\alpha w_t}{z-q} \tag{29}$$

$$c_{y,t}=\frac{\beta w_t}{1+\tau_c} \tag{30}$$

$$c_{o,t+1}=\frac{\left(1+r_{t+1}\right)\left(1-\alpha-\beta\right)w_t}{1+\tau_c} \tag{31}$$

　そして、政府の予算制約式は、次のように示される。なお、左辺の第1項目が若年世代の消費からの消費税収、左辺の第2項目が老年世代の消費からの消費税収、右辺は育児支援の給付である。

$$N_t \tau_c c_{y,t} + N_{t-1} \tau_c c_{o,t} = N_t q n_t \rightarrow \tau_c c_{y,t} + \tau_c \frac{c_{o,t}}{n_{t-1}} = q n_t \tag{32}$$

　N_t は t 期における若年世代の人口サイズ、N_{t-1} は t 期における老年世代（$t-1$ 期における若年世代）の人口サイズで $\frac{N_t}{N_{t-1}} = n_{t-1}$ である。

　資本ストックの動学方程式は、次のように示される。

$$K_{t+1} = N_t s_t \rightarrow n_t k_{t+1} = s_t \rightarrow n_t k_{t+1} = w_t - (z-q) n_t - (1+\tau_c) c_{y,t} \tag{33}$$

　なお、$n_t = \frac{N_{t+1}}{N_t}$ である。(33) に (29)、(30) をそれぞれ代入すると、次のように、資本ストックの動学方程式が導出される。

$$k_{t+1} = \frac{(1-\alpha-\beta)(z-q)}{\alpha} \tag{34}$$

　消費税の場合でも時間を通じて資本ストックの水準は一定である。また、所得税のケースと同様に、育児支援の給付 q が増えると、資本ストック k は減少することが分かる。k を q で微分すると (24) と同一のものを得ることができる。これはやはり、育児支援の給付により直接的に子ども数が増えることで、人口サイズが増え、1 人当たりに割り当てられる資本ストックが減る効果であることが言える。

　では、次に子ども数の変化について見ていこう。(29) は次のように示すことができる[7]。

$$(z-q)n = \alpha(1-\theta)k^{\theta} \tag{35}$$

ここで次のように全微分をする[8]。

---

[7]　資本ストックは時間を通じて一定の値となり、子ども数も資本ストックが変わらないため、時間に依存せず一定の値となる。

[8]　$q=0$ で評価して全微分していることに注意する。

$$zdn - ndq = \alpha\theta\left(1-\theta\right)k^{\theta-1}dk \qquad (36)$$

ここで（24）より $dk = -\dfrac{1-\alpha-\beta}{\alpha}dq$ を代入すると子ども数への変化は、次のように示すことができる。[9]

$$\frac{dn}{dq} = \frac{\left(1-\theta\right)n}{z} > 0 \qquad (37)$$

　$0<\theta<1$ なので、消費税による育児支援の給付は子ども数を必ず引き上げる。これは、家計の可処分所得を直接減少させるため、子ども数を減らす効果があった所得税のケースとは対照的である。各消費配分の比率が、効用関数の選好パラメータで決められている以上、対数効用関数で消費税を考慮しても、$(z-q)n_t : (1+\tau_c)c_{y,t} : \dfrac{(1+\tau_c)c_{o,t+1}}{1+r_{t+1}} = \alpha : \beta : 1-\alpha-\beta$ は変わらない。したがって、$(1+\tau_c)c_{y,t}$ の所得に対する割合が固定されている場合、τ_c の上昇は、そのまま $c_{y,t}$ の減少につながるのみである。

　また、資本ストックは消費税のケースでも減少し、それは個人の受け取る賃金水準を低下させることを通じて、子ども数を減らす効果を持つが、それは育児支援給付の効果よりも小さいことが分かった。

5　所得比例的な育児費用

　これまでのモデルでは、子ども1人当たりにかかる育児コスト z は一定と考えられてきた。したがって、資本蓄積の水準により、家計の賃金率が変化したとしても、育児コスト z が一定であることで、その育児コストが相対的に高くなる場合と低くなる場合が出てくる。

　しかし、育児コスト z を保育サービスの費用であったり、教育投資の費

9　（36）において賃金率 $w=(1-\theta)k^\theta$ と資本ストックの蓄積方程式 $n=\dfrac{(1-\alpha-\beta)w}{k}$ を考慮して（37）を求めることができる。

用であったりするケースを考えた場合、保育サービスや教育を提供する者の賃金水準を考えると、育児コスト z を賃金比例的と考えることが自然だろう。本節では次のような、このような育児コストが賃金比例的な場合を考える。

$$z_t = \bar{z}w_t, 0 < \bar{z} \tag{38}$$

そして、育児支援給付の水準も賃金率によって相対的に低くならないように、次のような給付の式を設定する。

$$q_t = \bar{q}w_t, 0 < \bar{q} \tag{39}$$

賃金水準 w_t が上がれば、育児コスト z_t は上昇するが、育児支援給付 q_t も上昇することとなる。この時、効用関数（4）を最大化する配分（11）–（13）のうち、変わるのは（11）であり、次のように示される。

$$n_t = \frac{\alpha(1-\tau)w_t}{z_t - q_t} = \frac{\alpha(1-\tau)}{\bar{z} - \bar{q}} \tag{40}$$

そして、政府の予算制約式であるが、（14）を用いて、次のように示すことができる（所得税の場合である）。

$$\tau N_t w_t = q_t N_t n_t \rightarrow \tau w_t = q_t n_t \rightarrow \tau = \bar{q} n_t \tag{41}$$

よって、（40）と（41）より、子ども数は次のように示すことができる。

$$n = \frac{\alpha}{\bar{z} - (1-\alpha)\bar{q}} \tag{42}$$

なお、時間を通じて一定であるので、時間を表す添え字はない。この式から、育児支援の給付水準 $\bar{q}$ を引き上げると子ども数は必ず増えることが分かる。その理由は直感的で、資本ストックが減少することで賃金率が減少するという効果が存在しないからである。もう少し詳しく述べると、分母に入っている育児コストも賃金比例的になるので、$\bar{q}$ の増加に伴う資本ストックが減少する効果により、子ども1人当たりの育児費用も下が

り、それが子ども数を引き上げる効果が含まれるからである。資本ストックの減少による家計の可処分所得の減少の効果と、育児コストの減少の効果がちょうど相殺されて、育児支援の給付により必ず子ども数が増加する結果を得ることができる。

　では、次に資本ストックへの影響を見てみよう。(22) に (38) と (39) をそれぞれ代入した資本ストックの動学方程式は次のように示される。

$$n_t k_{t+1} = (1-\tau)w_t - (z_t - q_t)n_t - c_{y,t} \tag{43}$$

なお、　$n_t = \dfrac{N_{t+1}}{N_t}$　である。(43) に (12)、(40) をそれぞれ代入すると、次のように、資本ストックの動学方程式が導出される。

$$k_{t+1} = \frac{(1-\alpha-\beta)(1-\tau)w_t}{n_t} = \frac{(1-\alpha-\beta)(\bar{z}-\bar{q})(1-\theta)k_t^{\theta}}{\alpha} \tag{44}$$

　この式は資本ストックの動学を示しており、例えば、t 期において資本ストック k_t は既に与えられたものであり、それを元にして次の期の資本ストックである k_{t+1} が与えられる。図示すると次のように示すことができる。

　もし、資本ストックが k_0 で与えられた場合、次の期には (44) に従って、

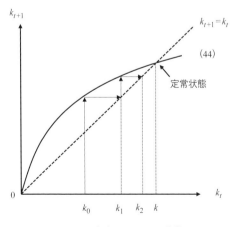

図 1.6　資本ストックの動学

k_1 まで増える。そして、さらに次の期にはやはり（44）に従って、k_2 まで増える。そして、最終的には k まで増えて、そこで止まる。時間を通じて資本ストックの変化が止まるのである。この状態を定常状態という。政策の長期的な分析を行う場合は、この定常状態の分析を行うことが多い。一方で、政策の短期的な分析では、定常状態に収束するまでの移行過程で分析を行う、または資本ストックの動きを止めて分析をすることが多い。

また、この定常状態の資本ストックから離れたところから資本ストックが与えられたとしても、時間を通じて、定常状態の資本ストックに収束する。これを安定的という。定常状態で分析する時に、その状態に長期的に行きつく場合でなければ、分析の意味がない。したがって、安定性をチェックして安定的であることを示し、長期均衡としての定常状態に行きつくことを確認する必要がある。図 1.6 を見る限り、安定的であるが、（44）を次のように微分して安定的であることを示すことができる。

$$\frac{dk_{t+1}}{dk_t} = \frac{\theta(1-\alpha-\beta)(\bar{z}-\bar{q})(1-\theta)k_t^{\theta-1}}{\alpha} \tag{45}$$

また（44）より、定常状態の資本ストック k は $k_{t+1}=k_t=k$ を代入して、次のように示すことができる。

$$k = \frac{(1-\alpha-\beta)(\bar{z}-\bar{q})(1-\theta)k^{\theta}}{\alpha} \rightarrow k = \left(\frac{(1-\alpha-\beta)(\bar{z}-\bar{q})(1-\theta)}{\alpha}\right)^{\frac{1}{1-\theta}} \tag{46}$$

よって、定常状態の資本ストック（46）を（45）に代入して、定常状態の安定性を次のように示すことができる。

$$\frac{dk_{t+1}}{dk_t} = \theta \tag{47}$$

$-1 < \dfrac{dk_{t+1}}{dk_t} < 1$ の範囲であれば、定常状態は安定的であるが、$0<\theta<1$ で示されるように安定的であることが分かる。

では、次に定常状態の資本ストックは育児支援の給付によってどう変化するかを見たい。（46）で示されているように、育児支援給付の水準 $\bar{q}$ の増加は、定常状態の資本ストック k を減少させる。これは $\bar{q}=0$ で微分し

て、次のように示すこともできる。

$$\frac{dk}{d\overline{q}} = -\frac{1}{1-\theta}\frac{(1-\alpha-\beta)(1-\theta)}{\alpha}\left(\frac{(1-\alpha-\beta)(\overline{z}-\overline{q})(1-\theta)}{\alpha}\right)^{\frac{1}{1-\theta}-1}$$

$$= -\frac{k}{(1-\theta)\overline{z}} < 0 \tag{48}$$

　このように子ども 1 人当たりの育児費用の設定を変えるだけで、所得税による育児支援給付は必ず子ども数を引き上げる結果を得ることができる。

　では、次に消費税のケースも見ていこう。これまで同様に、育児支出には消費税はかからず、若年期の消費と老年期の消費に対して、消費税が課され、その財源を育児支援給付に充てる場合、(29) で示される子ども数は、次のように修正される。

$$n_t = \frac{\alpha w_t}{z_t - q_t} = \frac{\alpha}{\overline{z} - \overline{q}} \tag{49}$$

　よって、育児支援給付の水準 $\overline{q}$ は子ども数を必ず増やす。また、定常状態の資本ストックは (44) で与えられるため、やはり、政策によって、資本ストックの水準は低下する。

6　育児支援の現物給付モデル

　これまでの育児支援の給付は個人に対して与える給付の形を考えてきた。しかし実際は、このような個人に対しての給付だけではなく、保育サービスの施設や病院の整備などを政府が行うことを通じた育児支援の形もあるだろう。そのような支援の仕組みが子ども数に、どのような影響を与えるのかについての分析として安岡 (2007) があるが、そのモデルを小国開放経済モデルに簡略化して説明してみよう。

　まず、子ども数であるが、次のような出生率関数を仮定し、子ども数は次の関数で決定されるものとする。

$$n_t = g_t^{\delta} x_t^{1-\delta}, 0 < \delta < 1 \tag{50}$$

g_t は 1 世帯当たりが利用できる公共サービスの供給量、x_t は 1 世帯当たりが投入する育児財・サービスである。

効用関数 u_t は（4）とし、（4）に（50）を代入すると次の式を得ることができる。

$$u_t = \alpha\delta \ln g_t + \alpha(1-\delta)\ln x_t + \beta \ln c_{y,t} + (1-\alpha-\beta)\ln c_{o,t+1}, 0 < \alpha < 1, \\ 0 < \beta < 1, \alpha + \beta < 1 \tag{51}$$

若年期に育児財・サービスの投入と消費 $c_{y,t}$ をし、老年期には消費 $c_{o,t+1}$ をし、公共サービスのための財源は若年世代からの賃金所得に対して、税率 τ で徴収する。この時、家計における個人の生涯の予算制約式は、次のようになる。

$$c_{y,t} + zx_t + \frac{c_{o,t+1}}{1+r} = (1-\tau)w \tag{52}$$

ここでは、z は育児財・サービス 1 単位当たりの価格である。予算制約式 52）の下で効用関数（51）を最大化する配分より、育児財・サービスの需要量 x_t は、次のように示される。

$$x = \frac{\alpha(1-\delta)(1-\tau)w}{z(1-\alpha\delta)} \tag{53}$$

一方で、政府の予算制約式は、次のように示される。

$$N_t g_t = N_t \tau w \rightarrow g = \tau w \tag{54}$$

よって、（53）と（54）を（50）に代入して、次のように子ども数を求めることができる。

$$n = \tau^{\delta}(1-\tau)^{1-\delta}\left(\frac{\alpha(1-\delta)}{z(1-\alpha\delta)}\right)^{1-\delta} w \tag{55}$$

子ども数が最大となる税率は、次のようにして求められる。

$$\frac{dn}{d\tau} = \left(\delta\tau^{\delta-1}\left(1-\tau\right)^{1-\delta} - \left(1-\delta\right)\tau^{\delta}\left(1-\tau\right)^{-\delta}\right)\left(\frac{\alpha\left(1-\delta\right)}{z\left(1-\alpha\delta\right)}\right)^{1-\delta} w = 0 \quad (56)$$

$$\rightarrow \tau = \delta$$

　よって、税率 $\tau=\delta$ の時に、子ども数は最大となる。あまり税率を高くすると、公共サービスの供給量は増えるものの、育児財・サービスの投入を減らすために、最大となる税率が存在するのである。

　しかし、最適な政策は子ども数を最大にすることではないだろう。もちろん、少子化対策では子ども数を、できるだけ増やすことができるような政策が歓迎されるだろうが、そのために税負担が多大になれば、当然、その政策は望ましいとは言えない。多大な税負担のために、消費がかなり減り、効用水準が大きく落ちてしまうからである。したがって、最適な政策とは効用水準を最大化することであろう。次の節では、政策の目標となるための社会的に望ましい子ども数の水準を示したい。

7　最適な子ども数

　Van Groezen and Meijdam（2008）や Yasuoka and Goto（2015）では、各世代の効用を合計した社会厚生関数を最大にするような子ども数、消費水準を求め、政策によって、それを達成できることを示している。以下では、これらの研究論文の手法に従い、社会的に望ましい水準の子ども数を導出したい。

　はじめに社会厚生関数 W であるが、次のように定義する。[10]

10　Van Groezen and Meijdam（2008）に基づいて社会厚生関数を定義している。この社会厚生関数では各世代の効用を合計しているが、各世代の人口水準によるウエイト付けはされていない。もし人口水準によるウエイト付けが行われると、本章で導出された最適な子ども数は、当然異なる形で導出される。

$$W = \alpha \ln n_t + \beta \ln c_{y,t} + (1-\alpha-\beta)\ln c_{o,t+1}$$
$$+ \rho\left(\alpha \ln n_{t+1} + \beta \ln c_{y,t+1} + (1-\alpha-\beta)\ln c_{o,t+2}\right)$$
$$+\cdots \tag{57}$$
$$= \sum_{s=t}^{\infty} \rho^{s-t}\left(\alpha \ln n_s + \beta \ln c_{y,s} + (1-\alpha-\beta)\ln c_{o,s+1}\right)$$

ただし、$0<\rho<1$ である。各世代の効用を合計して社会厚生関数を定義しているが、各世代の効用を ρ のウエイト付けをして合計している。次に資源制約であるが、t 期における資源制約は次のように示される[11]。

$$Y_t = N_t c_{y,t} + N_t z n_t + N_{t-1} c_{o,t} + K_{t+1}$$
$$\rightarrow k_t^{\theta} = c_{y,t} + z n_t + \frac{c_{o,t}}{n_{t-1}} + n_t k_{t+1} \tag{58}$$

社会的に望ましい子ども数、消費の配分は各期の資源制約（58）を制約として（57）で示される社会厚生関数の最大化を達成するものである。ラグランジュ関数を、次のように設定する。

$$L = \sum_{s=t}^{\infty} \rho^{s-t}\left(\alpha \ln n_s + \beta \ln c_{y,s} + (1-\alpha-\beta)\ln c_{o,s+1}\right)$$
$$+ \sum_{s=t}^{\infty} \lambda_s\left(k_s^{\theta} - c_{y,s} - z n_s - \frac{c_{o,s}}{n_{s-1}} - n_s k_{s+1}\right) \tag{59}$$

最適解の必要条件は、次の通りである。

$$\frac{\partial L}{\partial n_t} = \frac{\alpha}{n_t} - \lambda_t(z + k_{t+1}) + \lambda_{t+1}\frac{c_{o,t+1}}{n_t^2} = 0 \tag{60}$$

$$\frac{\partial L}{\partial c_{y,t}} = \frac{\beta}{c_{y,t}} - \lambda_t = 0 \tag{61}$$

$$\frac{\partial L}{\partial c_{o,t+1}} = \frac{1-\alpha}{c_{o,t+1}}\frac{\beta}{} - \frac{\lambda_{t+1}}{n_t} = 0 \tag{62}$$

11　左辺は総供給を示し、右辺は総需要を示す。

$$\frac{\partial L}{\partial k_{t+1}} = -\lambda_t n_t + \lambda_{t+1}\theta k_{t+1}^{\theta-1} = 0 \tag{63}$$

なお、(63) については (20) にもあるように $\theta k_{t+1}^{\theta-1} = 1 + r_{t+1}$ である。

また、これらは $t+1$ 期についても同様に求められる。例えば、(61) は $t+1$ 期では、次のように示される。

$$\frac{\partial L}{\partial c_{y,t+1}} = \frac{\rho\beta}{c_{y,t+1}} - \lambda_{t+1} = 0 \tag{64}$$

(61)、(63)、(64) より、次の式を得ることができる。

$$\frac{\rho c_{y,t}}{c_{y,t+1}} = \frac{n_t}{1 + r_{t+1}} \tag{65}$$

ここで定常状態を考えると、$c_{y,t} = c_{y,t+1}$ なので、最適な子ども数の水準は次のように示される。

$$n = \rho(1+r) \tag{66}$$

また、(61) − (63) より、次の式を得ることができる。

$$\frac{c_{o,t+1}}{c_{y,t}} = \frac{(1-\alpha-\beta)(1+r_{t+1})}{\beta} \tag{67}$$

この式は (12) と (13) から得られる式である。すなわち、若年期の消費と老年期の消費の比率は社会的に最適な水準と一致している。

次に (58) に (60) − (63) を代入すると、次の式を得ることができる。[12]

$$\frac{1}{\lambda_t} = \frac{\rho k_t^{\theta}}{\rho + 1 - \alpha - \beta} \tag{68}$$

そして、(63) と (68) を (60) に代入し、定常状態を考えると、次の式を満たすように社会的に最適な資本ストックの水準が決まる。

---

12 (62) については 1 期戻す場合、$s = t-1$ を考えるため $\dfrac{1-\alpha-\beta}{\rho c_{o,t}} = \dfrac{\lambda_t}{n_{t-1}}$ と考えていることに注意。

$$k = \frac{\theta(\rho+1-\alpha-\beta)z}{1-\beta-\theta(\rho+1-\alpha-\beta)} \qquad (69)$$

　一般的に、社会的に望ましい子ども数と（21）で導出された家計が選択する子ども数は一致しない。したがって、育児支援給付によって家計が選択する子ども数を変化させる政策が望ましいこととなる。しかし、社会的に望ましい子ども数よりも家計の選択する子ども数の方が、常に小さいとは限らない。逆に大きくなることもパラメータ条件ではあり得る。この場合、子ども数を減らすために、育児支援給付の逆、すなわち、子ども数に応じて税金などを徴収して子ども数を抑える政策が望ましいこととなる。

参考文献

van Groezen B., Leers T. and Meijdam L.（2003）"Social security and endogenous fertility: pensions and child allowances as Siamese twins," *Journal of Public Economics*, vol. 87（2）, pp. 233–251.

van Groezen B. and Meijdam L.（2008）"Growing old and staying young: population policy in an ageing closed economy," *Journal of Population Economics*, vol. 21（3）, pp. 573–588.

Yasuoka M. and Goto N.（2011）"Pension and child care policies with endogenous fertility," *Economic Modelling*, vol. 28, pp. 2478–2482.

Yasuoka M. and Goto N.（2015）"How is the child allowance to be financed? By income tax or consumption tax?" *International Review of Economics*, vol. 62（3）, pp. 249–269.

小塩隆士（2001）「育児支援・年金改革と出生率」『季刊社会保障研究』第36巻第4号, pp. 534–546.

安岡匡也（2006）「出生率と課税政策の関係」『季刊社会保障研究』第42巻第1号, pp. 80–90.

安岡匡也（2007）「公的に供給される育児財を導入した出生率内生化モデルにおける育児支援政策の考察」『季刊社会保障研究』第43巻3号, pp. 261–274.

データ参照
厚生労働省「人口動態調査」
　　https://www.mhlw.go.jp/toukei/list/81-1a.html　（2021年4月6日参照）

内閣府『平成 30 年版高齢社会白書』
　　　https://www8.cao.go.jp/kourei/whitepaper/w-2018/html/zenbun/index.html
　　　（2021 年 4 月 6 日参照）
内閣府『平成 30 年版少子化社会対策白書』
　　　https://www8.cao.go.jp/shoushi/shoushika/whitepaper/measures/
　　　w-2018/30webhonpen/index.html　（2021 年 4 月 6 日参照）

Appendix

A. 全微分について

　本書ではところどころ、全微分により政策の効果を導出している。ここでは(35)を例にとり、全微分について説明したい。(35)を以下、再掲する。

$$(z-q)n = \alpha(1-\theta)k^\theta \tag{35}$$

ここで、q、n、kについて全微分してみよう。

①まず、$(z-q)n$ を q で微分すると、$-n$ である。これは q が1単位増えた場合に、何単位 $-qn$ が変化するかを示したものである。そして、dq 単位変化した場合は $-ndq$ である。

②$(z-q)n$ を n で微分すると、$z-q$ である。これは n が1単位増えた場合に、何単位 $(z-q)n$ が変化するかを示したものである。そして、dn 単位変化した場合は $(z-q)dn$ である。

③左辺の変化分の合計は $-ndq+(z-q)dn$ である。

④$\alpha(1-\theta)k^\theta$ を k で微分すると、$\alpha\theta(1-\theta)k^{\theta-1}$ である。これは k が1単位増えた場合に、何単位 $\alpha(1-\theta)k^\theta$ が変化するかを示したものである。そして、dk 単位変化した場合は $\alpha\theta(1-\theta)k^{\theta-1}dk$ である。

⑤左辺の変化分と右辺の変化分は等しくなければならないので、次の式が成立する。

$$-ndq+(z-q)dn = \alpha\theta(1-\theta)k^{\theta-1}dk \rightarrow \frac{dn}{dq} = \frac{\alpha\theta(1-\theta)k^{\theta-1}}{z-q}\frac{dk}{dq} + \frac{n}{z-q} \tag{A.1}$$

(24)より $\dfrac{dk}{dq}$ を代入して、$\dfrac{dn}{dq}$ を求めることができる。なお、もともと、育児支援給付がない状態から、育児支援給付を導入した場合の効果を見たい場合は、導出された $\dfrac{dn}{dq}$ に $q=0$ を代入すれば良い。これは、$q=0$ において微分するという。

第2章

保育サービスと出生率

1　はじめに

　先進諸国における合計特殊出生率の低下傾向または上昇傾向は労働参加率との関係があると指摘されている。Sleebos（2003）は、OECD 諸国のデータを用いて、1980 年代では女性労働参加率と合計特殊出生率には負の相関関係があることを指摘した。一方、2000 年代ではその相関関係は正に変わったことも指摘している。このような相関関係が得られる背景としては育児の機会費用と関連が深いと考えられている。女性が出産し、子どもを育てるために仕事を辞めなければならない場合、本来、仕事を続けていれば得られていたであろう労働所得を放棄することとなる。これが育児の機会費用である。女性労働の賃金水準が上がり、女性労働参加率も上がってくれば、このような育児の機会費用の存在が大きくなる。このような機会費用の上昇が出生率の低下傾向を作ってきたという説明がなされる。

　しかし、一方で、2000 年代では、女性労働参加率が高い国ほど合計特殊出生率の水準も高いことが示されている。この理由を説明する重要な要因の 1 つとして保育サービスが挙げられる。保育サービスにアクセスすることができることにより、仕事をしている間、保育サービスに子どもを預かってもらうことで、育児のために仕事を辞めなくて済む。これは育児の機会費用を生まない。さらに、女性労働参加率が上がることで、世帯所得が増えることにより、子育てを通じて多くの費用を充てることができ、子

28

どもを多く持つという行動が起きていると考えられる。

このような女性労働参加率と合計特殊出生率の関係を経済モデル化した先行研究はいくつか存在する。まず、Galor and Weil（1996）が挙げられるだろう。Galor and Weil（1996）は、1つの世帯に男性と女性がおり、男性、女性とも働いて所得を得るが、女性が育児のために時間を使う設定で分析をしている。この時、女性労働の賃金水準が上がることにより、育児の機会費用が上昇し、育児に時間を充てるのを減らすことで、出生率が低下することを示している。これは、女性労働参加率と合計特殊出生率が負の相関関係を持っているデータと整合的な理論モデルである。

そして、Apps and Rees（2004）や Ferrero and Iza（2004）は女性労働参加率と合計特殊出生率が、正の相関関係を持っているデータと整合的な理論モデルを提示している。Apps and Rees（2004）では、保育サービスと女性の育児時間をインプットとして子ども数が決まる、ある種の関数を仮定して分析している。そして、女性労働の賃金水準が上がることで女性の育児時間は減少し、それは子ども数を減らす効果があるものの、保育サービスの購入量が増えて、子ども数が増える結果を導出している。Ferrero and Iza（2004）では、資本蓄積を考慮し、資本蓄積を通じて、女性労働の賃金水準が上がり、その結果として割安な保育サービスを利用することで、女性労働参加率と出生率の正の関係を導出している。

このように、出生率の決定において、女性労働参加率と保育サービスを考慮することは重要である。本章では、女性労働参加率と保育サービスを考慮したモデルとして、まず Galor and Weil（1996）と Apps and Rees（2004）を簡略化したモデルを示す。その上で、さらなる追加的な考察として、保育サービス市場を明示的に考慮した分析を行う。

なお、図 2.1 は OECD 諸国の中でいくつかの国をプロットしたものであるが、必ずしも女性労働参加率の高い国ほど合計特殊出生率が高いとは言い切れないところがある。例えば、フランスは日本よりも女性労働参加率は低いが出生率は高い。女性労働参加率だけでは合計特殊出生率を説明で

きないことをこの図は示していると思われる。

　図 2.2 は日本の女性労働参加率、男女間賃金格差、合計特殊出生率の近
年の推移を示したものである。2005 年に合計特殊出生率は大きく落ち込ん

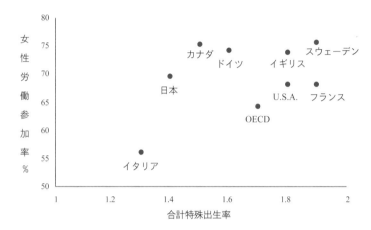

図 2.1　女性労働参加率と合計特殊出生率の関係

（出所：OECD　Statistics より著者作成。Female Labor Participation（女性労働参加率）は 2017
年、Fertility（出生率）は 2016 年のデータ）

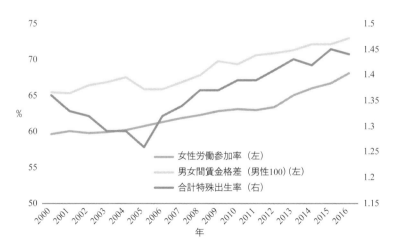

図 2.2　日本の女性労働参加率、男女間賃金格差、合計特殊出生率

（出所：OECD Statistics、独立行政法人労働政策研究・研修機構「図 6 男女間賃金格差」、内
閣府「平成 30 年版少子化社会対策白書」より著者作成）

でいるものの、概ね、正の相関関係が見られるデータの推移となっている。

2　育児時間のモデル

　女性労働参加率と出生率の関係について経済モデルを設定して分析した
Galor and Weil（1996）のモデルをここでは簡略化して説明したい。Galor
and Weil（1996）は 1 つの世帯に男性と女性がいる経済モデルを考えてい
る。男性は非弾力的に 1 単位の労働を供給し賃金 w_m を得て、女性は 1 単
位の時間を労働と育児に分ける。子ども 1 人当たり ϕ 単位の時間がかか
るとし、賃金率は w_f とする。子どもが n 人であれば、育児時間は ϕn とな
り、$1-\phi n$ が女性の労働時間となる。この労働時間を女性労働参加率とみ
なす。この家計は、得られた合計所得を消費 c に回すと考えると、予算制
約式は、次のように示すことができる。

$$c = w_m + (1-\phi n) w_f \tag{1}$$

　そして、効用は消費と子ども数から得られるとし、次のような対数効用
関数を仮定する。

$$u = \alpha \ln n + (1-\alpha) \ln c, 0 < \alpha < 1 \tag{2}$$

　効用最大化問題を解くことにより、子ども数 n は次のように示される。

$$n = \frac{\alpha(w_m + w_f)}{\phi w_f} = \frac{\alpha}{\phi}\left(\frac{w_m}{w_f}+1\right) \tag{3}$$

　ここで示されているのは、女性労働の賃金率が上昇すると、子ども数は
低下することである。これは、育児の機会費用が高くなる、すなわち、育
児をすることで労働できないことからその逸失所得が発生するため、その
損失を避けるために子ども数を減らして育児時間を減らし、労働時間を増
やそうと考えるためである。この機会費用が育児費用と考えられる。

Galor and Weil（1996）が導出した直感的な結果は上記の通りである。なお、実際、Galor and Weil（1996）は資本蓄積を考慮して、時間を通じて資本ストックが増加し、それにより女性労働の男性労働に対する相対賃金が高まって男女間賃金格差が縮小し、子ども数が減ることを示している。

　このような育児のコストが発生することにより、子ども数が減ってしまうという結果は、設定においてちょっとした工夫が必要である。例えば、男性と女性を合わせて 1 人とみなして、合わせて $1-\phi n$ だけの労働時間、ϕn だけの育児時間、そして、w だけの単位時間当たり賃金を得るとすると（1）の予算制約式は、次のように修正される。

$$c = \left(1-\phi n\right)w \tag{4}$$

　同じように、効用最大化問題を解くことにより、子ども数 n は次のように一定数となる。

$$n = \frac{\alpha}{\phi} \tag{5}$$

　得られた（5）については対数効用関数の場合にはありがちな結果であり、労働と余暇の選択モデルで余暇が一定になる結果と同じである。賃金の上昇で所得は増えるものの、育児のコストも増えるので、それがちょうど相殺されるのである。ここで、賃金の上昇で育児コストが増える一方で、家計の所得も同時に増えるところがポイントである。（4）のような定式化であれば、ちょうどこれらの 2 つの効果が相殺されて、子ども数が増えないという結果になる。

　もし、ここで労働所得以外の所得、例えば、ある種の社会保障給付であったり、遺産であったり、企業を所有することからの利潤などを考えた場合、（4）は次のように修正される。なお、p は労働所得以外の所得である。

$$c = \left(1-\phi n\right)w + p \tag{6}$$

32

同じように、効用最大化問題を解くことで、子ども数 n は次のようになる。

$$n = \frac{\alpha(w+p)}{\phi w} = \frac{\alpha}{\phi}\left(\frac{p}{w}+1\right) \tag{7}$$

このように、賃金率が上昇することで子ども数が減ることが示される。なお、この場合、賃金率の上昇とともに子ども数が減少するという関係が得られるが、同時に、p が増える。例えば、より多くの社会保障給付が得られたり、金融資産が増えたりすると、同時に子ども数は増えることとなり、(女性)労働参加率と出生率の正の関係を得ることもできる。

しかし、Apps and Rees（2004）や Ferrero and Iza（2004）などは、保育サービスが女性労働参加率と出生率の正の関係をもたらしていることを示しており、本章でも保育サービスを考慮してその関係性の導出を説明してみたい。

まず、Galor and Weil（1996）のモデルの修正であるが、これから考える経済モデルでは、男性も女性も 1 単位の時間をすべて労働に充て、育児は保育サービスを使って行うと考える。なお、保育サービスの費用は子ども1 人当たり z の費用がかかるものとする。この時、予算制約式（4）は次のように示される。

$$c + zn = w_m + w_f \tag{8}$$

この時、子ども数は次のように示される。

$$n = \frac{\alpha(w_m + w_f)}{z} \tag{9}$$

子ども数は女性賃金と正の関係を持つことがここで得られる。ただ、女性労働参加率と出生率の正の関係は、ここでは厳密な意味では得られていない[1]。

1 　ϕ から z への変化によって、女性労働参加率が上昇することを示すことはできているが、既に保育サービスが利用できる状況の下で、女性労働賃金率が上昇しても、(9)にあるように女性労働参加率の上昇を確認することはできない。

　しかし、ここで注意したいのは、z は時間を通じて一定であれば、賃金とともに上昇するわけであるが、しかし、z は一定であるとは限らない。例えば、z が保育サービスであると考えた時に、所得の増加で子ども数を増やそうとした時に、保育サービスを利用するわけであるが、この需要が増える場合に、供給曲線の傾きによっては、保育サービスの利用増加により、保育サービスの価格が上がって、保育サービスの利用が抑制され、結果的にそれほど子ども数は増えないということもある。この結果は、Yasuoka and Miyake（2010）で示されている内容である。

3　保育サービスのモデル

　ここでは、女性労働の賃金が上がることで、女性労働参加率が上昇し、かつ出生率が上昇するモデルを提示しよう。なお、そのモデルは Apps and Rees（2004）で設定され分析されている。ここでは、Apps and Rees（2004）のモデルをより特定化して簡単なモデルを提示したい。

　さて、家計において男性と女性がおり、男性は 1 単位の時間をすべて労働に充てるが、女性は 1 単位の時間を育児時間 l と労働時間 $1-l$ に充てる。なお、この家計の効用関数は（2）で与えられる。この家計の予算制約式は、次のようにして与えられる。

$$w_m + w_f(1-l) = c + zx \qquad (10)$$

　なお、w_m と w_f はそれぞれ男性賃金と女性賃金、l は育児時間、c は消費、x は保育サービス、z は保育サービスの価格である。そして、次に、Hirazawa and Yakita（2009）に従い、次のような出生率関数を仮定する。

$$n = x^\beta l^{1-\beta}, 0 < \beta < 1 \qquad (11)$$

　子ども数 n は保育サービス x と育児時間 l の投入で決定される。Apps

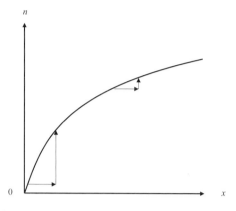

図 2.3　保育サービスの限界生産性

and Rees（2004）も保育サービス x と育児時間 l の投入で決定される出生率関数を仮定したが、一次同次関数の仮定、すなわち、保育サービスと育児時間をともに 2 倍すると、子ども数も 2 倍になる性質を持つ関数を定義している。また、保育サービスを増やすことで、子ども数は増えるが、追加的な子ども数の増加は小さくなる。これを、限界生産性が逓減する性質を持つという[2]。

　保育サービスの投入が少ない場合は、保育サービスの増加で子ども数は大きく増えるが、ある程度、保育サービスの投入が行われている時に、さらに保育サービスの投入を行っても、それほど子ども数は増えない。これは、育児時間についても同様のことが言える。

　さて、出生率関数（11）を効用関数（2）に代入すると、次の効用関数を得ることができる。

---

[2]　Hirazawa and Yakita（2009）で仮定される形の関数はコブ＝ダグラス型関数と言われるものである。また、Kemnitz and Thum（2015）で定義される出生率関数は、完全代替すなわち、$n=x+l$ のように線形の関数である。なお、Kemnitz and Thum（2015）も男性は非弾力的に 1 単位の時間を労働に充て、女性は、1 単位の時間を労働と育児に充てる。Yasuoka（2014）は CES 型の関数を仮定し、コブ＝ダグラス型よりもより仮定を緩めた場合の関数を用いて考察を行っている。

$$u = \alpha\beta \ln x + \alpha(1-\beta)\ln l + (1-\alpha)\ln c \tag{12}$$

予算制約式 (10) を制約として効用関数 (12) を最大化する問題を考える。保育サービス x と育児時間 l はそれぞれ、次のように示される。

$$x = \frac{\alpha\beta(w_m + w_f)}{z} \tag{13}$$

$$l = \frac{\alpha(1-\beta)(w_m + w_f)}{w_f} \tag{14}$$

(13)、(14) を (11) に代入することにより、子ども数は次のように示される。

$$n = \frac{\alpha\beta^{\beta}(1-\beta)^{1-\beta}(w_m + w_f)}{w_f^{1-\beta}z^{\beta}} \tag{15}$$

さて、ここで、女性労働賃金 w_f が上昇した場合に子ども数が増えるか減るかを調べよう。分子にも分母にも w_f が入っているので、一見して影響を知ることはできない。w_f の増加は世帯所得の増加を通じて、保育サービスの購入量が増えて、子ども数を増やす一方、育児の機会費用が上がるため、育児時間が減り、子ども数を減らす効果がある。(15) で示される子ども数 n を女性労働賃金 w_f で微分すると、次のように示される。

$$\frac{dn}{dw_f} = \left(\frac{1}{w_m + w_f} - \frac{1-\beta}{w_f}\right)n \tag{16}$$

$\frac{dn}{dw_f} > 0$ の条件は、次のように示される。

$$\frac{w_m}{w_f} < \frac{\beta}{1-\beta} \tag{17}$$

男女間の賃金比率が一定水準以下に収まれば、これは、女性労働賃金がある程度高い時を意味しており、この時、女性労働賃金の上昇で出生率が増加することを示している。なお、(13)、(14) より、女性労働賃金 w_f の上昇は育児時間 l を引き下げ、保育サービス x を引き上げる。この引き上げ効果が大きくなる条件を示しているのが不等式条件 (17) である。この

ようにして、女性労働賃金が上昇することにより、育児時間は減り、女性の労働供給は増加する。労働供給を労働参加率として考えると、(17) の条件が成立している下では、女性労働参加率と合計特殊出生率の正の関係がモデルより得られることが分かる。

では、このモデルで、保育サービスに対する補助金を考えてみよう。世帯に対して、T の一括税を課し、そして、それを保育サービスの補助金に充てる政策を考える。この時、家計の予算制約式 (10) は、次のように修正される。

$$w_m + w_f(1-l) - T = c + (1-\gamma)zx, \ 0 < \gamma < 1 \tag{18}$$

γ は補助率である。効用最大化問題より、保育サービスの需要量と育児時間、そして子ども数は、次のように示される。

$$x = \frac{\alpha\beta(w_m + w_f - T)}{(1-\gamma)z} \tag{19}$$

$$l = \frac{\alpha(1-\beta)(w_m + w_f - T)}{w_f} \tag{20}$$

$$n = \frac{\alpha\beta^\beta(1-\beta)^{1-\beta}(w_m + w_f - T)}{(1-\gamma)^\beta w_f^{1-\beta} z^\beta} \tag{21}$$

ここで政府の予算制約式を考える。今、N だけの世帯がいて、1世帯当たり T の一括税を課し、その財源で1世帯当たり γzx の補助金を N 世帯に給付する場合、次の政府の予算制約式が成立する。

$$NT = N\gamma zx \rightarrow T = \gamma zx \tag{22}$$

(22) を (21) に代入して、$\gamma=0$ で γ、n で全微分すると、次の式を得る

ことができる[3]。

$$\frac{dn}{d\gamma} = \beta(1-\alpha)n > 0 \qquad (23)$$

　保育サービスに対する補助金によって、出生率は増加することが分かる。また、(20) より、補助金のための税負担の増加は育児時間を減らすことが分かる。よって、出生率が増えており、育児時間が減っているということは、保育サービスの需要がその分増えていることを示しているのである。

　さて、これまでの分析では、保育サービスの価格については固定されたものとして考えてきた。実際は、保育サービスの需要と供給の程度によって保育サービスの価格が決まるものと考えられた。保育サービスの需要と供給を考えるためには、生産部門としての保育サービス部門を考える必要がある。次節では保育サービスを考慮した二部門モデルを考えてみよう。

4　二部門モデルで考える保育サービス市場

　ここでは、消費財と保育サービスが別々の市場で作られる経済モデルを考えてみよう。まず、消費財を作る部門についてであるが、消費財を作る部門に従事することにより、男性労働の賃金 w_m、女性労働の賃金 w_f をも

3　(21) を対数で示すと、

$\ln n = \ln \alpha\beta^{\beta}(1-\beta)^{1-\beta} + \ln(w_m + w_f - \gamma zx) - (1-\beta)\ln w_f - \beta\ln(1-\gamma) - \beta\ln z$　である。

これを $\gamma=0$ において γ、n で全微分すると $\dfrac{dn}{n} = -\dfrac{zxd\gamma}{w_m + w_f} + \beta d\gamma$ となり、(23) を得ることができる。なお、$\gamma=0$ では $zx = \alpha\beta(w_m + w_f)$ である。また、$\gamma=0$ で微分する場合、例えば、(22) は $dT = zxd\gamma + \gamma xdz + \gamma zdx$ となるが、$\gamma=0$ を考えることで、$dT = zxd\gamma$ となる。これは、保育サービスに対する補助金の導入の効果と考えることができるが、このような演算を行うことで、確定した符号を得やすい。

38

らうものとする。[4] 消費財の価格は 1 と基準化する。

　一方で、保育サービスを作る部門についてであるが、保育サービスを作る部門に従事することにより、女性労働の賃金 w_f をもらうこととする。実際、日本の保育士の多くは女性であることから、女性労働の賃金 w_f を保育市場で受け取るという設定は現実的であろう。なお、女性は消費財の生産部門と保育サービスの生産部門のどちらかで働くかを自由に決めることができ、両部門間で賃金率は等しくなっている。もし、片方の部門の賃金が他方よりも大きければ、賃金の大きい部門への労働の移動が発生し、相対的に労働者の少ない部門の賃金は上昇し、賃金が均等化するのである。

　さて、保育サービス部門の生産関数 X_t を、次のように仮定する。

$$X_t = \rho L_t^c, 0 < \rho \tag{24}$$

　ただし、L_t^c は保育サービスにおける労働者数、ρ は生産性を示すパラメータ、t は時間を示す。なお、このような保育サービス部門での線形関数を仮定しているものとしては、Yasuoka and Miyake（2010）があり、介護サービス部門で同じような線形関数を考えたものとして、Hashimoto and Tabata（2010）がある。次に、利潤関数であるが、次のようになる。ただし、w_t^c は保育サービス部門の賃金である。

$$\pi_t = z_t \rho L_t^c - w_t^c L_t^c \tag{25}$$

　利潤最大化条件より、　$z_t = \dfrac{w_t^c}{\rho}$ となり、$w_t^c = w_f$ より、

4　消費財市場における賃金も労働供給と労働需要によって決められる。ただ、先述の章で説明した通り、小国開放経済を考える場合、国内利子率は世界利子率と等しくなるものと考え、その結果、国内の資本労働比率は世界利子率によって決められる。そして、資本労働比率が決まれば、賃金率も決まるため、小国開放経済で考えると、賃金率も世界利子率によって固定されることとなる。

$$z = \frac{w_f}{\rho} \tag{26}$$

を得ることができ、保育サービスの価格は時間を通じて、一定となる。言いかえると、消費財部門での賃金率が変わらなければ保育サービスの賃金率も変わらず、保育サービスの価格も変わらないのである。ただ、この結果は、保育サービスは線形の技術で作られる、すなわち、労働を 1 単位増やした時に追加的な保育サービスの生産量の増加分は保育サービスの生産水準にかかわらず一定である。言いかえると、労働の限界生産性が逓減しないという仮定を置いていた。

　では、この仮定を少し変えてみよう。次のような保育サービスの生産関数を仮定する。

$$X_t = \rho L_t^{c\theta}, 0 < \rho, 0 < \theta < 1 \tag{27}$$

　このような生産関数では、次の図で示されるように、労働の限界生産性が逓減する。

　利潤関数は次のように設定することができる。

$$\pi_t = z_t \rho L_t^{c\theta} - w_t^c L_t^c \tag{28}$$

　なお、この場合、（25）と違って利潤はゼロにはならない。利潤は図 2.4 で示される。保育サービスの収入と保育サービスの生産のための費用の差の部分で与えられる。

　この曲線と直線の間の矢印の長さが利潤である。この利潤は労働投入量によって大きさが変わる。例えば、図 2.5 では 3 本の矢印があるが、真ん中の矢印の長さが最も長い、すなわち、利潤が最も高いのである。この利潤が最大化となる労働者数は、$\dfrac{d\pi_t}{dL_t^c} = 0$ を計算して求めることができる。計算すると次の通りである。

$$\frac{d\pi_t}{dL_t^c} = \theta z_t \rho L_t^{c\theta-1} - w_t^c = 0 \rightarrow \frac{w_t^c}{z_t} = \theta \rho L_t^{c\theta-1} \tag{29}$$

40

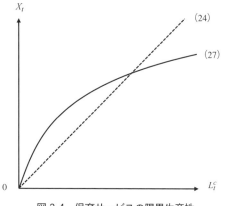

図 2.4　保育サービスの限界生産性

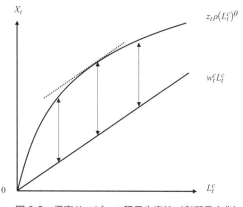

図 2.5　保育サービスの限界生産性（利潤最大化）

（29）の左辺は実質賃金、右辺は労働の限界生産性で両者が等しいとい
うのが利潤最大化条件である。なお、消費財市場より、女性労働の賃金率
が与えられているので、自由に女性は部門を選択して働ける場合、部門間
移動を通じて、賃金は均等化するので、

$$\frac{w_f}{z_t} = \theta \rho L_t^{c\theta-1} \tag{30}$$

を得ることができる。

　さらに、生産関数（27）を用いて、z_t と X_t の関係を示す保育サービスの

供給関数を、次のように示すことができる。

$$z_t = \frac{w_f}{\theta \rho^{\frac{1}{\theta}}} X_t^{\frac{1-\theta}{\theta}} \tag{31}$$

保育サービスの需要量は（13）、供給量は（31）で与えられる[5]。需要と供給が等しくなる保育サービスの水準は、$X_t = x_t$ より、次のように示すことができる。

$$x_t = \rho \left(\alpha \beta \theta \left(\frac{w_m}{w_f} + 1 \right) \right)^{\theta} \tag{32}$$

需要曲線と供給曲線はなお、次のように示されて、両曲線の交点が（32）で示される保育サービスの均衡数量と均衡価格である。

さて、ここで保育サービスに対する補助政策を行った場合における政策の効果について、図2.6を用いて説明してみよう。一括税で補助金のための財源を集め、保育サービスに対する補助率を γ とすると、需要関数は

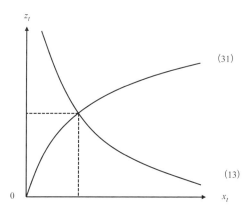

図 2.6　保育サービスの均衡数量と均衡価格
（供給曲線（31）は例として、$\theta > \frac{1}{2}$ のケースを示している）

5　この保育サービス部門の生産関数の場合、利潤が発生する。この利潤を家計が受け取るのであれば、利潤の項が予算制約式に加わることによって、家計の保育サービスの需要量に影響を与えると考えられる。この効果を入れて分析しても本章で言いたいことは本質的には変わらないと考えられるが、分析を複雑化させるのを避けるため、ここでは利潤を加えずに分析を行っている。

42

$$x_t = \frac{\alpha\beta\left(w_m + w_f - T\right)}{\left(1-\gamma\right)z_t} \tag{33}$$

と、(19) と同じ形で示される。この時、図2.6より、図2.7を示すことができる。

　図2.7は従価税的な補助金であり、保育サービス1単位当たり γz_t の補助金で需要量は x_t 単位となっており、これは、縦の長さが γz_t、横の長さが x_t の長方形で示される部分が補助金総額である。そして、補助金によって、横軸の矢印の長さの分、需要量が増えている。これは、補助政策により、家計が利用できる価格（これを消費者価格という）が縦軸にある下向きの矢印の分だけ減少して、利用が促進されているのである。一方、保育サービスを供給する企業は、補助政策により企業が保育サービスを1単位提供して得られる価格（これを生産者価格という）が縦軸にある上向きの矢印の分だけ増加して、供給が促進されているのである。

　では、この補助金の効果を数式で見ていこう。まず、(31) を z_t、x_t で全微分すると、次の式を得ることができる。

$$\frac{dz_t}{dx_t} = \frac{w_f\left(1-\theta\right)}{\theta^2 \rho^{\frac{1}{\theta}}} x_t^{\frac{1}{\theta}-2} \tag{34}$$

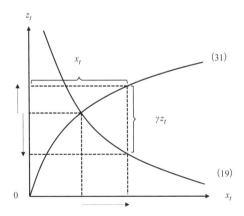

図2.7　保育サービスに対する補助政策の効果

そして、政府の予算制約式 (22) より、$\gamma=0$ で T、γ について全微分すると、次の式を得ることができる。

$$dT = z_t x_t d\gamma \tag{35}$$

そして、(33) を $\gamma=0$ で T、γ、x_t、z_t について全微分すると、次の式を得ることができる。

$$-z_t x_t d\gamma + x_t dz_t + z_t dx_t = -\alpha\beta dT \tag{36}$$

(36) に (34) と (35) を代入することにより、補助政策は保育サービスの均衡数量を増やすことができる。

$$\frac{dx_t}{d\gamma} = \frac{(1-\alpha\beta)z_t x_t}{z_t + \dfrac{w_f(1-\theta)}{\theta^2 \rho^{\frac{1}{\theta}}} x_t^{\frac{1}{\theta}-1}} > 0 \tag{37}$$

しかし、一括税による財源調達により、育児時間は減少する。保育サービスが増える一方で、育児時間は減少するため、必ずしも子ども数が増えるとは限らない。

5　所得格差と保育サービス

Shintani and Yasuoka (2021) では、消費財などの財を生産する部門（最終財生産部門と名付ける）と保育サービスを生産する部門の 2 つを考え、育児支援政策や高齢化が出生率、1 人当たり資本ストックだけでなく、部門間の賃金格差にどのような影響を与えるのかを考察している。以下、モデルの概略を説明し、育児支援政策の効果を見ていきたい[6]。

まず、家計の効用関数は次のように仮定する。

---

[6]　Shintani and Yasuoka (2021) は貨幣保有を考慮したマクロ経済モデルとなっているが、貨幣部門を捨象した簡略版モデルをここに示す。

$$u = \alpha \ln n_t + \beta \ln c_{y,t} + (1 - \alpha - \beta) \ln c_{o,t+1}, 0 < \alpha < 1, 0 < \beta < 1, \alpha + \beta < 1 \quad (38)$$

　ただし、n_t は子ども数、$c_{y,t}$ は若年期の消費、$c_{o,t+1}$ は老年期の消費である。この家計における個人は、若年期と老年期の2期間生存して、1期目である若年期には非弾力的に1単位の労働を供給して労働所得を得て、それを育児費用、若年期の消費、そして老年期の消費のための貯蓄に配分する。そして、2期目である老年期には貯蓄の元本及び利子を得て、それを老年期の消費に充てる。各世代の構造は次のようになっている。

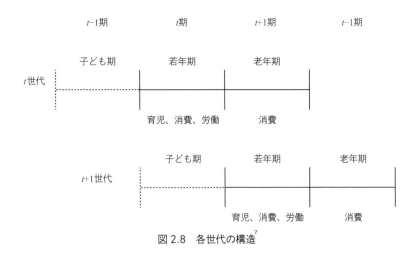

図 2.8　各世代の構造[7]

　そして、最終財部門で働くためには、一定のトレーニングコストが必要であるとする。そのトレーニングコストは個々人によって異なり、それは $[0, \bar{\sigma}]$ の範囲で一様分布しているものと仮定する。これ自体は、Caselli（1999）の設定に倣ったものである[8]。すなわち、ほとんどトレーニングコ

7　なお、子ども期を含めると3期間生存する個人であるが、子ども期は意思決定を行わないので、実質的には2期間モデルである。

8　Meckl and Zink（2004）はトレーニングコストではなく、それぞれの部門で受け取る賃金水準が個人ごとに異なるという設定をして、それぞれの部門の労働者の割合が決まるという経済モデルを提示している。

ストがかからない者もいれば、トレーニングコストがたくさんかかる者も
おり、それぞれの割合はすべて等しいという設定である。[9]

　最終財部門で働く場合の得られる所得は働いて得られる賃金 w からト
レーニングコスト σ を引いたもので $w-\sigma$ となる。一方で、保育サービス
部門の賃金を w^c とする。ちょうど、最終財部門と保育サービス部門のど
ちらで働いても同じ所得が得られる人の持つトレーニングコスト σ^* は次
の式を満たすように決定される。

$$w-\sigma^* = w^c \tag{39}$$

　トレーニングコストが $\sigma<\sigma^*$ である個人は最終財部門で働き、$\sigma>\sigma^*$ であ
る個人は保育サービス部門で働くこととなる。

　さて、各個人は 1 つ屋根の下で、1 つの家計を構成していると考える。
この時、この家計には、最終財部門で働く個人と保育サービス部門で働く
個人の両方がいる。それぞれの労働者の割合は、ここで $\bar{\sigma}=1$ とすると、
σ^*、$1-\sigma^*$ となる。

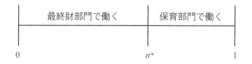

図 2.9　各部門の労働者の割合

　では、予算制約について説明していこう。若年期の予算制約式は、次の
ようになる。

$$z_t n_t + c_{y,t} + s_t = \int_0^{\sigma_t^*} \left(w_t-\sigma_t\right)d\sigma_t + \left(1-\sigma_t^*\right)w_t^c \tag{40}$$

　z_t は育児サービスの費用である。そして、老年期の予算制約式は、次の

9　ここでの分布関数は一様分布を考えているが、正規分布でも考えることができ
　る。正規分布の方が、平均から離れるほど、その割合は小さくなっており、現実
　的ではあるが、モデルから導出される解を簡潔に示すために、一様分布の仮定を
　置いている。なお、一様分布でも本質的な結果は変わらないと考えられる。

ようになる。

$$\left(1+r_{t+1}\right)s_t = c_{o,t+1} \tag{41}$$

ただし、r_{t+1} は利子率である。以上より、生涯の予算制約式は次のようになる。

$$z_t n_t + c_{y,t} + \frac{c_{o,t+1}}{1+r_{t+1}} = \int_0^{\sigma_t^*}\left(w_t - \sigma_t\right)d\sigma_t + \left(1-\sigma_t^*\right)w_t^c \tag{42}$$

この時、予算制約式（42）の下で効用関数（38）を最大化する各配分は、効用最大化を解くことで求めることができる。その結果、子ども数と貯蓄は次のように導出される。

$$n_t = \frac{\alpha\left(\int_0^{\sigma_t^*}\left(w_t - \sigma_t\right)d\sigma_t + \left(1-\sigma_t^*\right)w_t^c\right)}{z_t} \tag{43}$$

$$s_t = \left(1-\alpha-\beta\right)\left(\int_0^{\sigma_t^*}\left(w_t - \sigma_t\right)d\sigma_t + \left(1-\sigma_t^*\right)w_t^c\right) \tag{44}$$

また、最終財部門の生産関数を $Y_t = K_t^{\theta}L_t^{1-\theta}$ とする（$0<\theta<1$）。ただし、Y_t は最終財の生産量、K_t は資本ストック、L_t は労働投入量である。完全競争市場で利潤最大化行動を考えると、賃金率と利子率は次のように示される。

$$w_t = \left(1-\theta\right)k_t^{\theta} \tag{45}$$

$$1+r_t = \theta k_t^{\theta-1} \tag{46}$$

ただし、$k_t = \dfrac{K_t}{L_t} = \dfrac{K_t}{\sigma_t^* N_t}$ であり、最終財部門の労働者 1 人当たりの資本ストックである。なお、N_t は t 期における若年世代の人口サイズである。また、資本蓄積は 1 期で減耗すると仮定する。では、この資本ストック k の動学方程式はどうなるだろうか。資本市場の均衡式は $K_{t+1}=N_t s_t$ で与えられる。$N_t s_t$ は t 期における貯蓄全体を示し、これは t 期における投資と等しくなる。そして、t 期に投資されたものは $t+1$ 期において、資本ストックとして生産に貢献するのである。$K_{t+1}=N_t s_t$、$k_t = \dfrac{K_t}{L_t} = \dfrac{K_t}{\sigma_t^* N_t}$、

（39）、（43）より、k_t の動学方程式は次のように示すことができる[10]。

$$n_t\sigma_{t+1}^* k_{t+1} = (1-\alpha-\beta)\left(\int_0^{\sigma_t^*}(w_t-\sigma_t)d\sigma_t + (1-\sigma_t^*)(w_t-\sigma_t^*)\right) \quad (47)$$

育児部門の生産関数を $Y_t^c = \rho L_t^c$ とする。ただし、Y_t^c は保育サービスの生産量、L_t^c は保育サービスの労働投入量である。そして、ρ は正の値のパラメータである。利潤最大化条件より $w_t^c = z_t\rho$ となる。そして、育児サービスの価格は（39）を用いて、次のように示すことができる。

$$z_t = \frac{w_t - \sigma_t^*}{\rho} \quad (48)$$

（43）と（48）より、保育サービスに従事する労働者数の割合は、次のように示すことができる。

$$\frac{\alpha\left(\int_0^{\sigma_t^*}(w_t-\sigma_t)d\sigma_t + (1-\sigma_t^*)(w_t-\sigma_t^*)\right)}{z_t} = \rho(1-\sigma_t^*) \quad (49)$$

（49）の左辺と右辺が等しくなるように σ_t^* が決まり、その結果、保育サービスに従事する労働者数の割合が決定される。そして、出生率は次のように示される。

$$n_t = \frac{\alpha\left(\int_0^{\sigma_t^*}(w_t-\sigma_t)d\sigma_t + (1-\sigma_t^*)(w_t-\sigma_t^*)\right)}{z_t} = \rho(1-\sigma_t^*) \quad (50)$$

よって、保育サービスに従事する労働者数の決定により出生率が決まることとなる。では、資本ストックが増えることで保育サービスに従事する労働者数はどうなるだろうか。資本ストックが増えることで、最終財部門の賃金率が増えることから、トレーニングコストの大きい労働者も最終財部門で働こうとする効果があると考えられるので、保育サービスに従事す

10　$\dfrac{K_{t+1}}{L_{t+1}}\dfrac{L_{t+1}}{N_{t+1}}\dfrac{N_{t+1}}{N_t}N_t = n_t\sigma_{t+1}^* k_{t+1}N_t$ が成り立つことに注意。

る労働者数は減ると考えられるだろう。しかし、(39) を考えると、保育サービス部門の賃金率も上昇するだろうし、(50) を考えれば、最終財部門の賃金率の上昇で保育サービス需要が引き上げられ、その結果、保育サービスの価格が引き上げられ、保育サービス部門の賃金率が上昇するという効果もあるだろう。

(47) に (45)、(48)、(50) をそれぞれ代入して、資本ストックの動学方程式を導出してみよう。式は次のように示される。

$$
\begin{aligned}
k_{t+1} &= \frac{(1-\alpha-\beta)\left(\int_0^{\sigma_t^*}(w_t-\sigma_t)d\sigma_t+(1-\sigma_t^*)(w_t-\sigma_t^*)\right)}{n_t\sigma_{t+1}^*} \\
&= \frac{(1-\alpha-\beta)(w_t-\sigma_t^*)}{\rho\alpha\sigma_{t+1}^*}
\end{aligned}
\tag{51}
$$

k_t が与えられれば、(49) より σ_t^* が定まる。σ_{t+1}^* は k_{t+1} の関数であることを考えると、(51) で k_{t+1} が定まり、各期の資本ストックが導出される。したがって、消費水準や保育サービスに従事する労働者数の割合などの各期の内生変数も決まることになる[11]。また、両部門の賃金格差は、次のようにして表すことができる。

$$
\frac{w_t^c}{w_t} = \frac{w_t-\sigma_t^*}{w_t} = 1-\frac{\sigma_t^*}{w_t}
\tag{52}
$$

資本ストックが増え続け、最終財部門の賃金率が上昇を続ける場合、最終財部門の賃金に対する保育サービス部門の賃金はどんどん小さくなり、格差が拡大することが分かる。しかしながら、σ_t^* が資本ストックの増加とともに上昇するなら、必ずしも格差は拡大するとは限らない。

さて、次に、育児支援政策として保育サービスの需要に対して、補助が与えられるケースを考えたい。具体的には、子ども 1 人に対して、q_t の補

---

11 (51) に $k_{t+1}=k_t=k$ を代入して、定常状態の資本ストックを求めることができる。また、安定性条件については、$\dfrac{dk_{t+1}}{dk_t}$ を求めて、定常状態の資本ストックを代入することにより求めることができる。

助を家計に対して与える。そして、財源については、若年世代から労働所
得税を徴収して充てる。この時、家計の生涯の予算制約式は、次のように
修正される。

$$\left(z_t - q_t\right)n_t + c_{y,t} + \frac{c_{o,t+1}}{1+r_{t+1}} = \left(1-\tau\right)\left(\int_0^{\sigma_t^*}\left(w_t - \sigma_t\right)d\sigma_t + \left(1-\sigma_t^*\right)\left(w_t - \sigma_t^*\right)\right) \quad (53)$$

効用最大化問題を解くことにより、子ども数と貯蓄は、次のように示す
ことができる。

$$n_t = \frac{\alpha\left(1-\tau\right)\left(\int_0^{\sigma_t^*}\left(w_t - \sigma_t\right)d\sigma_t + \left(1-\sigma_t^*\right)\left(w_t - \sigma_t^*\right)\right)}{z_t - q_t} \quad (54)$$

$$s_t = \left(1-\alpha-\beta\right)\left(1-\tau\right)\left(\int_0^{\sigma_t^*}\left(w_t - \sigma_t\right)d\sigma_t + \left(1-\sigma_t^*\right)\left(w_t - \sigma_t^*\right)\right) \quad (55)$$

この時、税率を τ とすると、政府の予算制約式は、次のように示すこと
ができる。

$$q_t n_t = \tau\left(\int_0^{\sigma_t^*}\left(w_t - \sigma_t\right)d\sigma_t + \left(1-\sigma_t^*\right)\left(w_t - \sigma_t^*\right)\right)$$

$$\rightarrow q_t = \frac{\tau\left(\int_0^{\sigma_t^*}\left(w_t - \sigma_t\right)d\sigma_t + \left(1-\sigma_t^*\right)\left(w_t - \sigma_t^*\right)\right)}{n_t} \quad (56)$$

定常状態では、資本ストック、出生率、保育サービスに従事する労働者
の割合は、次のように示される。

$$k = \frac{\left(1-\alpha-\beta\right)\left(1-\tau\right)\left(\int_0^{\sigma^*}\left(w - \sigma\right)d\sigma + \left(1-\sigma^*\right)\left(w - \sigma^*\right)\right)}{n\sigma^*} \quad (57)$$

$$n = \frac{\alpha\left(1-\tau\right)\left(\int_0^{\sigma^*}\left(w - \sigma\right)d\sigma + \left(1-\sigma^*\right)\left(w - \sigma^*\right)\right)}{z - q} \quad (58)$$

$$\frac{\alpha\left(1-\tau\right)\left(\int_0^{\sigma^*}\left(w - \sigma\right)d\sigma_t + \left(1-\sigma^*\right)\left(w - \sigma^*\right)\right)}{z - q} = \rho\left(1-\sigma^*\right) \quad (59)$$

ただし、$w = \left(1-\theta\right)k^\theta$、$z = \dfrac{w - \sigma^*}{\rho}$ である。(57) は資本ストックの動学方
程式、(58) は出生率、(59) は保育サービス部門の労働者数の決定式である。

50

これらの式から政策の効果を直感的にとらえてみよう。まず、（58）より、育児支援政策の給付 q が増加すれば、分母は小さくなるので、出生率 n は増加する。出生率 n が増加すれば（59）より σ^* は小さくなり、育児サービス部門に従事する労働者の割合は増加する。一方、資本ストック k については、（57）の分子には、税率 τ が入っているため、資本ストックを減少させるが、σ^* が分子と分母の両方が入っているので、これは資本ストックを増加させる。出生率 n の増加は資本ストックを減少させることとなる。したがって、資本ストックが増えるか減るかは分からない。（52）で示された部門間の賃金格差への影響も不明となる。もし、資本ストックが政策によって減少した場合は、育児支援政策によって、保育サービスに従事する労働者数の割合は増加し、かつ最終財部門との賃金格差は縮小することとなる。

図 2.10 は実際のデータである。ここ 10 年の傾向を見ると、合計特殊出生率は上昇傾向にあり、それに応じて、保育サービス市場の労働者数も増えている。そして、育児支援政策の水準も増えており、これらの変化の関係を見ると、これまでの考察と整合的である。しかし、賃金格差についてはごく数年で見ると増加している箇所もあるが、10 年で見ると、ほぼ横

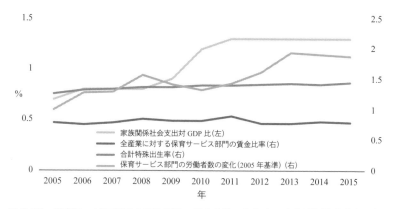

図 2.10　保育サービス市場の労働者数、賃金水準、出生率、家族関係社会支出の推移
（出所：厚生労働省「人口動態調査」、「賃金構造基本統計調査」、OECD Statistics より著者作成）

ばいである。これは、このモデルだけでは説明できない、景気変動など
様々な要因があるものと考えられる。

参考文献

Apps P. and Rees R.（2004）"Fertility, taxation and family policy," *Scandinavian Journal of Economics*, vol. 106（4）, pp. 745–763.

Caselli F.（1999）"Technological revolutions," *American Economic Review*, vol. 89（1）, pp.78–102.

Ferrero M. D. and Iza A.（2004）"Skill premium effects on fertility and female labor force supply," *Journal of Population Economics*, vol. 17（1）, pp.1–16.

Galor O. and Weil D. N.（1996）"The gender gap, fertility, and growth," *American Economic Review*, vol. 86（3）, pp. 374–387.

Hashimoto K. and Tabata K.（2010）"Population aging, health care, and growth," *Journal of Population Economics*, vol. 23（2）, pp. 571–593.

Hirazawa M. and Yakita A.（2009）"Fertility, child care outside the home, and pay-as-you-go social security," *Journal of Population Economics*, vol. 22（3）, pp. 565–583.

Kemnitz A. and Thum M.（2015）"Gender power, fertility, and family policy," *Scandinavian Journal of Economics*, vol. 117（1）, pp. 220–247.

Meckl J. and Zink S.（2004）"Solow and heterogeneous labour: a neoclassical explanation of wage inequality," *Economic Journal*, vol. 114（498）, pp. 825–843.

Sleebos J.（2003）"Low fertility rates in OECD countries: Facts and policy responses," OECD Labour Market and Social Policy Occasional Papers 15, OECD Publishing.

Shintani M. and Yasuoka M.（2021）"Fertility, inequality and income growth," *Italian Economic Journal*, Online Published.

Yasuoka M.（2014）"Child-care policies and pension in an endogenous fertility model," Discussion Paper Series 114, School of Economics, Kwansei Gakuin University, Jan 2014.

Yasuoka, M. and Miyake A.（2010）"Change in the transition of the fertility rate," Economics Letters, vol. 106（2）, pp. 78–80.

データ参照

OECD Statistics　https://stats.oecd.org/（2021 年 4 月 7 日参照）

厚生労働省「人口動態調査」

       https://www.mhlw.go.jp/toukei/list/81-1a.html　（2021 年 4 月 6 日参照）

厚生労働省「賃金構造基本統計調査」

       https://www.mhlw.go.jp/toukei/list/chinginkouzou.html（2021 年 4 月 8 日）

独立行政法人労働政策研究・研修機構「早わかり　グラフでみる長期労働統計　図 6 男女間賃金格差」

       https://www.jil.go.jp/kokunai/statistics/timeseries/html/g0406.html（2021 年 4 月 7 日）

内閣府『平成 30 年版少子化社会対策白書』

       https://www8.cao.go.jp/shoushi/shoushika/whitepaper/measures/ w-2018/30webhonpen/index.html（2021 年 4 月 7 日）

Appendix

A. 家計の最適配分（13）、（14）の導出

次のラグランジュ関数 L を設定する。

$$L = \alpha\beta \ln x + \alpha(1-\beta)\ln l + (1-\alpha)\ln c + \lambda\left(w_m + w_f(1-l) - c - zx\right) \quad \text{(A.1)}$$

最適解の必要条件は次の通りである。

$$\frac{\partial L}{\partial x} = \frac{\alpha\beta}{x} - \lambda z = 0 \rightarrow \frac{\alpha\beta}{\lambda} = zx \quad \text{(A.2)}$$

$$\frac{\partial L}{\partial l} = \frac{\alpha(1-\beta)}{l} - \lambda w_f = 0 \rightarrow \frac{\alpha(1-\beta)}{\lambda} = lw_f \quad \text{(A.3)}$$

$$\frac{\partial L}{\partial c} = \frac{1-\alpha}{c} - \lambda = 0 \rightarrow \frac{1-\alpha}{\lambda} = c \quad \text{(A.4)}$$

$$\frac{\partial L}{\partial \lambda} = w_m + w_f(1-l) - c - zx = 0 \quad \text{(A.5)}$$

（A.2）〜（A.4）より次の式を得ることができる。

$$\frac{1}{\lambda} = w_m + w_f \quad \text{(A.6)}$$

したがって、（A.2）と（A.6）より（13）、（A.3）と（A.6）より（14）を得ることができる。

第3章

祖父母の育児協力と出生率

1 はじめに

　日本の都道府県でのデータを見ると、三世代同居の世帯の割合が大きいところほど、出生率が高いということが示されている。ここで、三世代というのは、子どもと、その子どもの親だけでなく、親の親、すなわち、子どもから見れば、祖父母が同居しているというケースである。祖父母が同居している場合、または必ずしも同居ではなく、近所に住んでいるということでも良いとは思うが、子どもの親が働きに行っている時に、その親の代わりに子どもの面倒を見てくれる保育所に子どもを預けなければならない。しかし、保育所の代わりに祖父母が子どもの面倒を見てくれるのならば、働きながら子どもを育てることが可能となり、子どもを持つために仕事を辞める必要がない。仕事を辞めてしまえば、辞めなければ得られたであろう労働所得を放棄することになるという機会費用が発生する。その機会費用が発生しないため、子どもを持って仕事をするという選択を取ることができる。

　図3.1は三世代同居率と合計特殊出生率の関係を示したものであるが、このデータは新しくはない。では、ごく最近の首相官邸(2017)「地域少子化・働き方指標（第3版）」のデータを見てみると、相関係数は0.0117と落ち込んでいる。また、図3.1では、三世代同居率が1％上がると合計特殊出生率は0.0113上昇することが示されているが、2017年の資料では

56

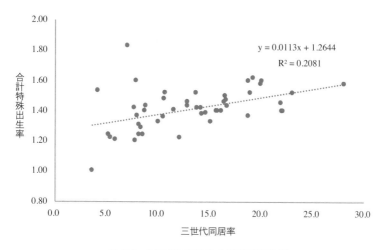

図 3.1　三世代同居率と合計特殊出生率
（出所：国土交通省「平成 14 年版　国土交通白書」より著者作成。*x* は三世代同居率、*y* は合
計特殊出生率）

0.3813 上昇することが示されている。

　この三世代同居が出生率を引き上げるか否かについては、少子化対策を
考える上では重要であると考えられる。データからでは必ずしも強い相関
があるとは言えない。では、理論モデルではそのような状況をどのように
説明することができるだろうか。本章ではその理論モデルを提示したい。

　さて、三世代同居、言いかえれば祖父母の育児協力が出生率にどのよう
な影響を与えるかについて、理論モデルを立てて考察した研究を紹介した
い。まず Yasuoka, Azetsu and Akiyama（2009）では、祖父母の時間を利用す
ることで、親が利用できる時間が増えるモデルを設定して、祖父母の育児
協力が出生率に与える影響を分析している。祖父母の時間が与えられるこ
とで、より多くの時間を労働に割り当てることが可能となり、育児と仕事
の両立が可能となり、出生率を高めることも可能である。

　そして、Fanti and Gori（2014）では、祖父母が子どもの世話を行う場合
に、平均寿命が長くなることで出生率にどのような影響を与えるかを考察
している。平均寿命が長くなることで出生率は減少することが Yakita

（2001）で示されている。Fanti and Gori（2014）では平均寿命が出生率にどう影響を与えるのかについて、祖父母の育児時間に依存していると説明している。Miyazawa（2016）では、児童手当などのような子どもに対する補助金が出生率に与える効果は、祖父母の育児協力に依存することが説明されている。

　このように祖父母の育児協力は出生率にどのような影響を与えるのかについて様々な研究がある。本章では、Yasuoka, Azetsu and Akiyama（2009）の簡略版モデルを最初にベースモデルとして説明した後に、祖父母の育児協力を考える上で重要だと思われる要素を追加して考察を深めていく。

2　基本モデル

　以下では Yasuoka, Azetsu and Akiyama（2009）の簡略版モデルを説明しよう。このモデルでは、家計における個人は若年期と老年期の 2 期間生存する。若年期においては、1 単位の労働時間を育児時間に配分する。若年期においては、祖父母から l_t 時間をもらうことができる。ただし、祖父母からもらう時間に対しては、祖父母に対して 1 時間当たり h の報酬を支払う必要がある。このモデルでは、この報酬のやり取りを金銭で行うと仮定している。実際は、親が祖父母に対して行う世話などといった現物給付も考えられる。そのようなものも実際は、報酬として考えることができるだろう。

　この時、若年期の予算制約式は、次のように示すことができる。

$$s = \left(1 - \phi n_t\right)w + \left(w - h\right)l_t \tag{1}$$

s は貯蓄、n_t は子ども数（ここでは子ども数を出生率ととらえる）、w は賃金、ϕ は子どもを 1 人育てるために必要な時間である。ϕn_t は育児時間であり、個人は 1 単位の時間を持っている時、$1 - \phi n_t$ の時間を労働に充て

ることができる。したがって、$(1-\phi n_t)w$ は祖父母からの育児協力がない
場合の労働所得となる。そして、祖父母からの育児協力 l_t がある場合、単
位時間当たり h の報酬を支払う必要があるが、その時間を育児時間に充て
ることができるため、その浮いた育児時間を労働時間に配分できることか
ら、単位時間当たり w の賃金を得ることができる。なお、ここでは、
$w>h$ を仮定する。そうでなければ、育児協力を頼むインセンティブがな
いからである。なお、若年期は消費を行わず子育てだけを行い、所得は貯
蓄に回し、老年期の消費に充てる。

　次に老年期であるが、老年期は貯蓄の元本と利子、さらに、育児協力に
よる報酬がある。予算制約式は次のように示される。

$$c_{t+1} = (1+r)s + hL_{t+1} \qquad (2)$$

なお、$1+r$ は利子率である。L_{t+1} は子どもへの育児支援の総時間であ
り、$L_{t+1}=n_t l_{t+1}$ で示される。また、祖父母から見れば、n_t の子ども数がお
り、等しく子どもに対して育児協力を行うとすると、1世帯への育児協力
l_{t+1} に対して、n_t 世帯存在することから、育児協力の報酬の合計は $hn_t l_{t+1}$
となる。したがって、生涯の予算制約式は次のように示される。

$$c_{t+1} = (1+r)\big((1-\phi n_t)w + (w-h)l_t\big) + hL_{t+1} \qquad (3)$$

　ただし、$L_{t+1}=n_t l_{t+1}$ として、L_{t+1} を祖父母は選択する。なお、この育児協
力時間も祖父母がもともと持っている1単位の時間を超えることはできない。

　これまでの個人が若年期及び老年期にどのような行動をとるのかについ
ては、図3.2のようにまとめることができる。

　そして、次のような効用関数を定義する。

$$u = \alpha \ln n_t + \beta \ln c_{t+1} + (1-\alpha-\beta)\ln(1-L_{t+1}) \qquad (4)$$

　この時、効用最大化条件から、子ども数 n_t と祖父母の育児協力 L_{t+1} は、
次のように導出される。なお、$1-L_{t+1}$ は余暇である。

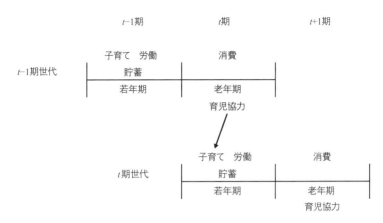

図 3.2　個人の各期の行動

$$n_t = \frac{\alpha}{\phi w}\left(w + (w-h)l_t + \frac{h}{1+r}\right) \qquad (5)$$

$$1 - L_{t+1} = \frac{(1-\alpha-\beta)\big((1+r)(w+(w-h)l_t)+h\big)}{h} \qquad (6)$$

　h が上がると、(6) の右辺は下がることから、$1-L_{t+1}$ は下がることとなり、祖父母の育児協力 L_{t+1} は上がることとなる。これは育児協力をせず余暇をとることの機会費用が上がるため、育児協力を増やすのは直感的である。

　さて、祖父母の育児協力は $L_{t+1}=n_t l_{t+1}$ である。ここから家計当たりの育児協力はどうなっているのかを見てみよう。なぜ家計当たり受け取る育児協力を見る必要があるかと言うと、(5) に示されているように、子ども数 n_t は家計当たり受け取る育児協力 l_t に依存しているからである。家計当たり受け取る育児協力 l_{t+1} は次の通りである。

$$l_{t+1} = \frac{\phi w}{\alpha\left(w+(w-h)l_t+\dfrac{h}{1+r}\right)} - \frac{(1-\alpha-\beta)(1+r)\phi w}{\alpha h} \qquad (7)$$

　祖父母の時に子どもに対して行う家計当たり育児協力 l_{t+1} は祖父母が若い時に受け取った育児協力 l_t に依存する。若い時に受け取った育児協力は予

算制約式 (3) でも示されているように、生涯所得に依存するため、効用最大化の配分の結果として、導出される育児協力に依存するのは直感的である。

　では、祖父母の育児協力に対する報酬 h を増やすことで、祖父母の家計時間当たり育児協力はどうなるかを見てみよう。まず、(7) の右辺第 1 項を見ると報酬 h の増加は右辺第 1 項を減少させることが分かる。これは、子ども数が増えることで、世帯当たりに割り当てられる育児協力が減ることを意味する。そして、報酬 h の増加は右辺第 2 項を大きくする。これは、報酬 h の増加により祖父母の余暇の機会費用が増え、育児協力を増やす効果である。この後者の効果が大きい場合に、世帯当たりに割り当てられる育児協力は増え、(5) より子ども数も増えることとなる。一方で、前者の効果が大きい場合、世帯当たりに割り当てられる育児協力が減ることから、子ども数を減らす効果が現れることとなる[1]。

　以上、モデルの構造は異なるが Yasuoka, Azetsu and Akiyama (2009) で示されたことである。では以下で、より深い考察を行うことによって、育児協力がどのように決定されるか注意深く見ていこう。

3　世代間の交渉

　さて、これまで説明したモデルでは、育児協力の際に受け取る報酬 h はあらかじめ固定された値、すなわち、外生変数として与えられてきた。実

1　(5) はすべての期について成立する式なので、 $n_{t+1} = \dfrac{\alpha}{\phi w}\left(w + (w-h)l_{t+1} + \dfrac{h}{1+r} \right)$ も得ることができる。l_{t+1} の増加は子ども数 n_{t+1} を引き上げることが分かる。しかし、報酬 h の増加は子ども数の式の中にマイナスとプラスの異なる 2 つの項があるために、育児協力が増えるとしても必ずしも子ども数を増やすとは限らない。なお、Yasuoka, Azetsu and Akiyama (2009) では、長期的な育児協力の水準が報酬 h の増加によって、どう変化するのかを分析している。長期的な育児協力の水準 l は (7) 式に $l_{t+1}=l_t=l$ を代入することで求めることができる。

際、報酬 h はどのようにして決まるのだろうか。1 つの考え方としては交
渉力があるだろう。もし、祖父母の育児協力が強い立場にあるのなら、報
酬 h は高めに設定されるだろうし、逆に、親の立場の方が強ければ、報酬
h は低めに設定されるだろう。

　このような交渉力を反映させて報酬 h の水準を決めたいが、そのために
ナッシュ交渉解を用いたい。ナッシュ交渉解は労働経済学の分野で、労働
者と使用者が賃金水準を交渉によって、決めるモデルの場合に用いられる
手法である。ここでは、以下のような目的関数 v を設定したい。

$$v = \left(w-h\right)^{\theta} h^{1-\theta} \tag{8}$$

　θ は世代間の交渉力の割合を示しており、θ が大きいほど、若年世代の
交渉力が大きい。逆に θ が小さいほど、老年世代の交渉力が大きいことを
示している。$w-h$ は若年世代の取り分を示しており、報酬 h が小さいほ
ど、若年世代の取り分は大きくなるので、できるだけ低い報酬 h を実現さ
せたいと考える。一方で、h は老年世代の取り分を示しており、できるだ
け高い報酬 h を実現させたいと考えている。若年世代にとって、$w=h$ に
最も損失が大きくなり、取り分はなくなってしまう。一方、$h=0$ の時、
老年世代にとって最も損失が大きくなり、取り分はなくなってしまう。
(8) の最大化を行う、すなわち、目的関数 v を報酬 h で微分してゼロと置
くことによって、次のように交渉力を考慮した報酬 h の水準が決まる。

$$h = \left(1-\theta\right)w \tag{9}$$

　この式を (6) に代入すると祖父母の育児協力の水準 L_{t+1} が、次のように
決まる。

$$1-L_{t+1} = \left(1-\alpha-\beta\right)\left((1+r)\left(\frac{1}{1-\theta}+\left(\frac{1}{1-\theta}-1\right)l_t\right)+1\right) \tag{10}$$

　この祖父母は、若年期の時に育児協力 l_t を得ており、それは老年期には
変えられないので、所与の値として考える。その下で老年期に供給する育

児協力の水準 L_{t+1} が決まる。ここで、老年世代の交渉力 $1-\theta$ が上がった場合、それは θ の低下を意味するが、$1-L_{t+1}$ は減少する。すなわち、L_{t+1} は増加する。これは祖父母の育児協力時間が増えることを意味する。

　では、この育児協力が増えたことで、子ども数はどう変化するだろうか。(5) を用いて、次のように示すことができる。

$$n_{t+1} = \frac{\alpha}{\phi w}\left(w + \theta w l_{t+1} + \frac{(1-\theta)w}{1+r} \right) \tag{11}$$

θ の低下は、必ずしも子ども数を引き上げるとは限らない。老年期には育児協力のための報酬が増えるものの $\left(\dfrac{(1-\theta)w}{1+r} \ \text{の部分} \right)$、若年期には報酬の支払いも増えるため（$\theta w l_{t+1}$ の部分）、相反する効果があるために明確には効果は分からない。ただ、l_{t+1} が育児協力の増加によって増えるならば、子ども数の増加の効果が加わることで、子ども数が増える可能性は大きくなる。ただし、$L_{t+1}=n_{t+1} l_{t+1}$ なので、たとえ、全体の育児協力時間 L_{t+1} が増えたとしても、子ども数 n_{t+1} が増えることで、世帯当たりに対して、供給される育児協力 l_{t+1} は減る可能性があることに注意が必要である。

　なお、この交渉モデルは非常に単純であるために直感的な説明を与えることができる一方で、問題も含んでいる。例えば、報酬 h を決める際に、実際の祖父母から得られる育児協力も変わってしまうものの、その育児協力が報酬によって変わってしまうことを考慮して、交渉を考えていない。いくら若年世代にとって支払う報酬が少なくなったとして費用を節約できたとしても、肝心の老年世代から得られる育児協力が減ってしまえば、それは若年世代にとって損失となってしまう。その点は、このモデルでは十分に考慮されていない。

4　年金制度と育児協力

　次に、年金制度が育児協力にどのような影響を与えるか見てみよう。年金

制度が出生率に影響を与える分析については、様々な研究が行われている（Nishimura and Zhang（1992）、小塩（2001）、van Groezen, Leers and Meijdam（2003）など）。

しかしながら、年金制度が育児協力にどのような影響を与えるのかについての分析はあまりない。さて、基本モデルを修正していくが、若年期に年金保険料として T を徴収して、老年期に年金給付として P_{t+1} が得られるような年金制度を考える[2]。この時、生涯の予算制約式（3）は、次のように修正される。

$$c_{t+1} = (1+r)\left((1-\phi n_t)w + (w-h)l_t - T\right) + hL_{t+1} + P_{t+1} \tag{12}$$

また、賦課方式の仕組みで年金給付が行われるとすると、$t+1$ 期における若年世代の人口を N_{t-1}、老年世代の人口を N_t とすると、$n_t = \dfrac{N_{t+1}}{N_t}$ から次の式が成立する。

$$P_{t+1} = n_t T \tag{13}$$

この場合、効用最大化問題と(13)より、子ども数は次のように示される。

$$n_t = \frac{\alpha\left(w + (w-h)l_t + \dfrac{h + (n_t - (1+r))T}{1+r}\right)}{\phi w} = \frac{\alpha\left(w + (w-h)l_t + \dfrac{h}{1+r} - T\right)}{\phi w - \dfrac{\alpha T}{1+r}} \tag{14}$$

（14）の右辺では年金保険料 T は分母にも分子にも入っており、子ども数への影響は分からない。しかし、左辺では $n_t>1+r$ であれば、年金保険料率 T の増加で年金給付が増え、生涯所得が増えることによって子ども

2　ここでは年金保険料を一括税と同じ形で徴収している。賃金比例的に年金保険料を徴収する仕組みで考えることもできるが、賃金比例的になることで、そのような比例保険料の存在が年金の存在とは別の形で、子ども数などに影響を与えるため、できるだけ、そのような追加的な影響を排除するために、一括税のような形で徴収する年金を考えている。

数が増えることが分かる。

(14) の左辺を $L=n_t$、右辺を $R=\dfrac{\alpha\left(w+(w-h)l_t+\dfrac{h+\left(n_t-(1+r)\right)T}{1+r}\right)}{\phi w}$ とする

と、所与の l_t の下で図 3.3 を示すことができる。

図 3.3 は、$n_t>1+r$ の時に、年金保険料 T を引き上げることで、右辺 R が実線から点線に上方シフトすることを通じて、左辺 L との交点が右上に移動し、子ども数 n_t が増えることを示している。

さて、それでは、祖父母の育児協力 L_{t+1} はどうなるだろうか。これも効用最大化問題から次のように示される。

$$1-L_{t+1}=\frac{(1-\alpha-\beta)(1+r)\phi w n_t}{\alpha h} \tag{15}$$

$n_t>1+r$ であれば、年金保険料 T を引き上げることによって、$1-L_{t+1}$ は増える。すなわち、祖父母の育児協力 L_{t+1} は減ることになる。この結果は直感的である。年金保険料が引き上げられて生涯所得が増えることで、所得増加とともにその需要が増える上級財である余暇が増え、育児協力は減ることとなる。所得が増えることで、追加的な育児協力で、さらに所得を得るよりは余暇を増やして育児協力を減らすという選択を祖父母はとっていると説明できる。

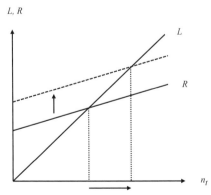

図 3.3　年金保険料の増加と子ども数

では、世帯当たりに対して行われる育児協力の水準はどうなるのであろうか。(14)、(15)、そして、$L_{t+1}=n_t l_{t+1}$ より、次の式を得ることができる。

$$l_{t+1} = \frac{\phi w - \dfrac{\alpha T}{1+r}}{\alpha \left(w + (w-h)l_t + \dfrac{h}{1+r} - T \right)} - \frac{(1-\alpha-\beta)(1+r)\phi w}{\alpha h} \tag{16}$$

ここで、$T=0$ で $\dfrac{dl_{t+1}}{dT}$ を求める。$\dfrac{dl_{t+1}}{dT}$ は、次のように示される。[3]

$$\frac{dl_{t+1}}{dT} = \frac{1+r-n_t}{n_t(1+r)\left(w + (w-h)l_t + \dfrac{h}{1+r} \right)} \tag{17}$$

したがって、所与の l_t の下で世帯当たりに対する育児協力 l_{t+1} は、$n_t > 1+r$ であれば、減少することが分かる。これは、年金給付のために生涯所得が増え、上級財である余暇を増やす行動をとっていると考えられる。

さて、次は、世帯当たりの育児協力と年金給付の関係について長期的にはどうなるかを見ていこう。時間を通じて l_t が一定となる状態である定常状態で分析を行う。定常状態では $l_{t+1}=l_t=l$ が成立することから、(16) は次のように示される。

$$l = \frac{\phi w - \dfrac{\alpha T}{1+r}}{\alpha \left(w + (w-h)l + \dfrac{h}{1+r} - T \right)} - \frac{(1-\alpha-\beta)(1+r)\phi w}{\alpha h} \tag{18}$$

次に (14) で示される子ども数は定常状態（$n_t=n$）では、次のように示される。

---

[3]　$\dfrac{dl_{t+1}}{dT} = \dfrac{-\dfrac{1}{1+r}}{w+(w-h)l_t+\dfrac{h}{1+r}} + \dfrac{\phi w}{\alpha \left(w+(w-h)l_t+\dfrac{h}{1+r} \right)^2}$ 　が得られるが、

$\dfrac{\phi w}{\alpha \left(w+(w-h)l_t+\dfrac{h}{1+r} \right)^2} = \dfrac{1}{n_t}$ 　を考慮することにより、(17)を得ることができる。

$$n = \frac{\alpha \left(w + (w-h)l + \dfrac{h}{1+r} - T \right)}{\phi w - \dfrac{\alpha T}{1+r}} \tag{19}$$

（18）より、$T=0$ で $\dfrac{dl}{dT}$ を求めると、次のように示される。

$$\frac{dl}{dT} = \frac{\dfrac{1}{w + (w-h)l + \dfrac{h}{1+r}} \left(\dfrac{1}{n} - \dfrac{1}{1+r} \right)}{1 - \dfrac{\phi w (w-h)}{\alpha \left(w + (w-h)l + \dfrac{h}{1+r} \right)^2}} \tag{20}$$

安定性条件より分母は正である。結果は $\dfrac{dl_{t+1}}{dT}$ と同じで、$n>1+r$ であれば、年金保険料の増加により世帯当たりに対する育児協力は低下することとなる。次に、（19）より $T=0$ で $\dfrac{dn}{dT}$ を求めると、次のように示される。

$$\frac{dn}{dT} = \frac{\alpha}{\phi w} \left((w-h) \frac{dl}{dT} + \frac{n-(1+r)}{1+r} \right) \tag{21}$$

年金保険料の増加が子ども数に与える効果は、$n>1+r$ であれば、生涯所得を増やす効果を通じて子ども数を増やす効果と、祖父母からの育児協力が減ることで、子ども数が減る効果の2つが存在するため、どちらの効果が大きいかで最終的な影響が決まる。

以上、上記の分析は年金保険料の増加で生涯所得が増えるケース、すなわち、$n>1+r$ のケースを扱ってきたが、$n<1+r$ のケースでも同様に分析することは可能である。得られる結果はこれまでの説明とすべて逆のものであると予想される。

5　退職のタイミングと育児協力

日本においては平均寿命の増加とともに、健康寿命も増加し、働く期間も長くなっており、退職のタイミングが遅れている。2016 年の平均寿命

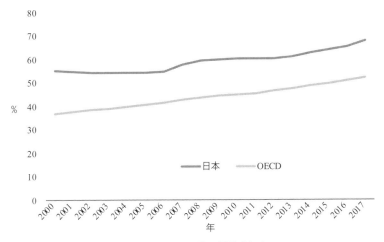

図 3.4　60 〜 64 歳の労働参加率
（出所：OECD Statistics より著者作成）

は男性 80.9 歳、女性 87.14 歳、健康寿命は男性 72.14 歳、女性 74.49 歳と高い水準となっている。[4] 図 3.4 は、60 〜 64 歳の労働参加率を示したものであり、退職のタイミングが遅れていることが、この図から把握することができる。

Mizuno and Yakita（2013）では、このように退職のタイミングが遅くなっていることから、労働所得を得る期間が長くなり、生涯所得が増えるため、それが出生率に影響を与えることを示している。ここでは、祖父母の育児協力の観点から、退職のタイミングが遅れることで、どのような影響を与えるか見てみたい。

さて、効用関数については、（4）を修正して、次のように設定する。

$$u = \alpha \ln n_t + (1-\alpha) \ln c_{t+1}, 0 < \alpha < 1 \tag{22}$$

そして、若年期の予算制約式は変わらないが、老年期の予算制約式については次のように修正される。

4　内閣府（2018）「平成 30 年版 高齢社会白書」参照。

$$c_{t+1} = (1+r)s_t + hd + w(1-d) \qquad (23)$$

d は育児協力の時間で L_{t+1} に対応するものである。老年期は 1 単位の時間を持っており、$1-d$ の時間働いて時間当たり賃金 w を得る。そして、退職してからは育児協力を行い、時間当たり報酬 h を得る。この時、生涯の予算制約式は、次のように示される。

$$\frac{c_{t+1}}{1+r} = (1-\phi n_t)w + (w-h)l + \frac{hd + w(1-d)}{1+r} \qquad (24)$$

なお、l は世帯当たりが受け取る祖父母からの育児協力である。また、$t+1$ 期に与える祖父母の育児協力 d は平等に子ども世帯へ分配されると考えるため、$d=n_t l$ となる。

さて、ここで効用最大化問題より、子ども数を導出し、$d=n_t l$ を考慮すると次の式を得ることができる。

$$n_t = \frac{\alpha\left(w + \dfrac{w}{1+r} + (w-h)\left(1 - \dfrac{n_t}{1+r}\right)l\right)}{\phi w} \qquad (25)$$

ここで、退職のタイミングが遅くなり、d がさらに小さくなる場合を考えよう。これは l の減少で考えることができる。この時、図 3.3 の分析と同じようにして、子ども数 n_t への影響を見ることができるが、$n_t>1+r$ の時に、退職のタイミングの遅れにより子ども数が増えると考えられる。

退職のタイミングが遅れれば、育児協力が減り、それが子ども数を低下させる原因となる。一方で、労働所得を得る期間が長くなるため、生涯所得の増加を通じて、子ども数が増える効果が存在するため、どちらの効果が大きいかによって、子ども数への影響が決まると考えられる。

参考文献

Fanti L. and Gori L.（2014）"An OLG model of growth with longevity: when grandparents take care of grandchildren," *Portuguese Economic Journal*, vol. 13（1）, pp. 39–51.

Miyazawa K.（2016）"Grandparental child care, child allowances, and fertility," *The Journal of the Economics of Ageing*, vol. 7（C）, pp. 53–60.

Mizuno M. and Yakita A.（2013）"Elderly labor supply and fertility decisions in aging-population economies," *Economics Letters*, vol. 121（3）, pp. 395–399.

Nishimura K. and Zhang J.（1992）"Pay-as-you-go public pensions with endogenous fertility," *Journal of Public Economics*, vol. 48（2）, pp. 239–258.

van Groezen B., Leers T. and Meijdam L.（2003）"Social security and endogenous fertility: pensions and child allowances as Siamese twins," *Journal of Public Economics*, vol. 87（2）, pp. 233–251.

Yakita A.（2001）"Uncertain lifetime, fertility and social security," *Journal of Population Economics*, vol. 14（4）, pp. 635–640.

Yasuoka M., Azetsu K. and Akiyama T.（2009）"Intergenerational child care support and the fluctuating fertility: A note," *Economics Bulletin*, vol. 29（4）, pp. 2488–2501.

小塩隆士（2001）「育児支援・年金改革と出生率」『季刊社会保障研究』第 36 巻第 4 号, pp. 535–546.

データ参照

OECD Statistics　https://stats.oecd.org/（2021 年 4 月 7 日参照）

国土交通省『平成 14 年版国土交通白書』
https://www.mlit.go.jp/hakusyo/mlit/h14/index.html（2021 年 4 月 8 日参照）

首相官邸（2017）「地域少子化・働き方指標（第 3 版）」
https://www.kantei.go.jp/jp/singi/sousei/info/pdf/h29-05-12-shihyou3-1.pdf（2019 年 2 月 27 日参照）

内閣府『平成 30 年版高齢社会白書』
https://www8.cao.go.jp/kourei/whitepaper/w-2018/html/zenbun/index.html（2021 年 4 月 6 日参照）

Appendix

A　家計の最適配分 (5)、(6) の導出

次のラグランジュ関数 L を設定する。

$$L = \alpha \ln n_t + \beta \ln c_{t+1} + (1-\alpha-\beta)\ln(1-L_{t+1})$$
$$+ \lambda\left(w+(w-h)l_t + \frac{hL_{t+1}}{1+r} - \phi w n_t - \frac{c_{t+1}}{1+r}\right) \tag{A.1}$$

最適解の必要条件は次の通りである。

$$\frac{\partial L}{\partial n_t} = \frac{\alpha}{n_t} - \lambda \phi w = 0 \rightarrow \frac{\alpha}{\lambda} = \phi w n_t \tag{A.2}$$

$$\frac{\partial L}{\partial c_{t+1}} = \frac{\beta}{c_{t+1}} - \frac{\lambda}{1+r} = 0 \rightarrow \frac{\beta}{\lambda} = \frac{c_{t+1}}{1+r} \tag{A.3}$$

$$\frac{\partial L}{\partial L_{t+1}} = -\frac{1-\alpha-\beta}{1-L_{t+1}} + \frac{\lambda h}{1+r} = 0 \rightarrow \frac{1-\alpha-\beta}{\lambda} = \frac{h(1-L_{t+1})}{1+r} \tag{A.4}$$

$$\frac{\partial L}{\partial \lambda} = w+(w-h)l_t + \frac{hL_{t+1}}{1+r} - \phi w n_t - \frac{c_{t+1}}{1+r} = 0 \tag{A.5}$$

(A.2)～(A.5) より、次の式を得ることができる。

$$\frac{1}{\lambda} = w+(w-h)l_t + \frac{h}{1+r} \tag{A.6}$$

したがって、(A.2) と (A.6) より (5)、(A.4) と (A.6) より (6) を得ることができる。

B　安定性条件

(16) において、$T=0$ を代入した式を次のように示すことができる。

$$l_{t+1} = \frac{\phi w}{\alpha\left(w+(w-h)l_t + \dfrac{h}{1+r}\right)} - \frac{(1-\alpha-\beta)(1+r)\phi w}{\alpha h} \tag{B.1}$$

この式を定常状態 $l_{t+1}=l_t=l$ において、l_{t+1} と l_t で全微分することにより $\dfrac{dl_{t+1}}{dl_t}$ を、次のように示すことができる。

$$\frac{dl_{t+1}}{dl_t}=-\frac{\phi w\left(w-h\right)}{\alpha\left(w+\left(w-h\right)l_t+\dfrac{h}{1+r}\right)^{2}} \tag{B.2}$$

$-1<\dfrac{dl_{t+1}}{dl_t}<0$ であれば、次の図に示されるように、定常状態は局所安定的であり、定常状態から離れたところに、l_t が与えられたとしても時間を通じて、定常状態の l に振動収束する。

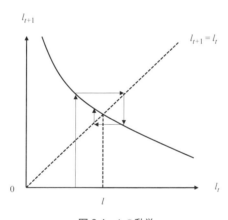

図 3.A　l_t の動学

○ 第**4**章

子どもへの教育投資

1　はじめに

　教育を経済学で扱うモデルとしては、シグナリング理論と人的資本理論がある。シグナリング理論は、教育を受けている人は能力の高い人であると企業はみなすため、個人は、能力の高い人であると見せるために、教育を受けることとなる。それが教育を受ける動機となる。そしてもう1つは人的資本理論である。人的資本理論では、教育投資を通じて、生産性が上昇すると考えている。したがって、教育を受けることによって、より高い生産性を得て、より高い賃金を得ることとなる。もちろん、教育の効果については賛否両論あるのだが、ここでは、人的資本モデルを用いて子どもへの教育投資に関する考察を示したい。

　子どもへの教育投資を考えた基本論文としては Glomm and Ravikumar（1992）がある。Glomm and Ravikumar（1992）は公的教育と私的教育の2つの教育制度を考え、人的資本の成長率と人的資本の格差が2つの教育制度間でどう異なるのかを示している。公的教育というのは、家計から税金を集め、それを財源として子どもに対して教育投資が行われるというものである。すべての子どもは家計の所得に関係なく、同じ水準の教育投資を受け取る。一方で、私的教育というのは、家計がそれぞれ自分の子どもに対して教育投資を行うというものである。したがって、家計間では子どもへの教育投資にばらつきが発生することとなる。例えば、家計間で所得格差があ

れば、十分な教育投資を行える家計がいる一方で、他方では少ない水準の教育投資しか行えない家計もいる。また、所得格差だけでなく、子どもの教育の関心の程度も子ども間の教育格差をもたらすものと考えられる。直感的ではあるが、所得格差については、公的教育の方が小さく、人的資本の成長率については私的教育の方が大きいことが研究で明らかになっている。

Glomm and Ravikumar（1992）では私的教育においては人的資本、すなわち所得格差が時間を通じて増大するケースが存在することを示しているが、Tamura（1991）や Yasuoka, Nakamura and Katahira（2008）など人的資本の外部性を考慮したモデルでは、私的教育でも所得格差が縮小することを示している。

Glomm and Ravikumar（1992）は、教育制度が公的教育の場合と私的教育の場合の2つのケースに分けて分析を行っているが、実際の社会を見ると、公立学校と私立学校があるように、公的教育と私的教育は併存しており、どちらかを家計が選択するという状況の方が現実的であろう。そのような分析は Cardak（2004）で行われている。Cardak（2004）のモデルでは、家計が子どもに受けさせる教育を公的教育か私的教育かで選ぶ。公的教育は子どもに対して、ある固定された水準の教育投資が与えられるが、私的教育の場合は、家計が自由に決めることができる。この場合、ある程度の高い所得を持った家計は私的教育を選択し、それ以外は公的教育を選択することになる。

子どもへの教育投資は子ども数と同時に決めるモデルもある。いわゆる子どもの数と質のモデルである。このモデルは最近では、Zhang（1997）、De la Croix and Doepke（2003）、Yasuoka and Miyake（2014）などで行われている。このモデルでは、子どもの数を増やすための費用が下がる場合、子ども数を増やして子どもへの教育投資を減らす。逆に、子どもへの教育投資の費用が下がる場合、子どもへの教育投資を増やして子ども数を減らすという子どもの数と質のトレードオフの関係が見られることを示している。

本章では、Glomm and Ravikumar（1992）のモデルを簡単に紹介した後、

Cardak（2004）のモデルを紹介し、その後、子どもの数と質のモデルについて説明する。

2　公的教育と私的教育のモデル

Glomm and Ravikumar（1992）では子どもの人的資本が、子ども自身の学習時間、子どもへの教育投資、親の人的資本によって形成されるとしているが、ここでは、子ども自身の学習時間は簡単化のため、省いたモデルを用いて説明したい。この時、人的資本の蓄積方程式は次のように示される。

$$h_{t+1} = \theta e_t^{\gamma} h_t^{\delta}, \, 0 < \theta, \, 0 < \gamma < 1, \, 0 < \delta < 1 \tag{1}$$

ここで、e_t は親から子どもへの教育投資、h_t は親の人的資本、h_{t+1} は子どもの人的資本である。教育投資だけでなく、親の人的資本水準が子世代の人的資本の形成に影響を与えている。

次に効用関数についてであるが、下記の関数を仮定する。

$$u_t = \alpha \ln c_t + (1-\alpha) \ln e_t, \, 0 < \alpha < 1 \tag{2}$$

ただし、c_t は消費である。家計における個人は、労働をして、h_t だけの所得を得て、税率 τ_t を控除した $(1-\tau_t)\, h_t$ で示される所得を消費と子どもへの教育投資に配分する。予算制約式は次の通りである。

$$c_t + e_t = (1-\tau_t) h_t \tag{3}$$

ここで τ_t は公的教育のための所得税率である。ここでは公的教育と私的教育の 2 つを考えており、公的教育とは、税負担で教育投資を行い、自らの教育投資支出は行わない。一方、私的教育とは、教育投資はすべて自らが支出しなければならないものである。

まずは、私的教育のケースについて考えてみよう。この Glomm and

Ravikumar（1992）モデルは所得格差が存在していると仮定しており、人的資本がそのまま所得になっているが、その人的資本 h_t の分布が対数正規分布していると仮定している。対数正規分布の場合、$\ln h_t$ は平均 μ、分散 σ^2 の正規分布に従うものであるが、h_t は正の値を取り、また、中央値を持つ h_t ＜平均値を持つ h_t は一致せず、ゆがみを帯びた分布となっているが、所得分布については、このような分布の方が整合的であると考えられている。

　なお、中央値は h_t を低い順番から並べて、ちょうど真ん中の者の持つ h_t で与えられる。一方、平均値は、平均 $f\left(h_t\right)h_t$ で与えられる。各 h_t を持つ割合は $f\left(h_t\right)$ で与えられるため、全体数が計算されるが、全体のサイズを 1 とすれば、全体を求める手続きが平均となる。なお、極端に h_t が大きい者が含まれてしまうと、中央値はそのままである一方で、平均値はそれに引っ張られ大きくなってしまうのである。

　私的教育の場合（$\tau_t=0$）、効用最大化を達成する消費と教育投資は次のようになる。

$$c_t = \alpha h_t \tag{4}$$

$$e_t = \left(1-\alpha\right)h_t \tag{5}$$

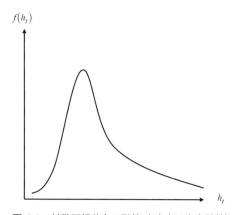

図 4.1　対数正規分布の形状　（$f\left(h_t\right)$ は密度関数）

(5) を (1) に代入すると、次のようになる。

$$h_{t+1} = \theta(1-\alpha)^{\gamma} h_t^{\gamma+\delta} \qquad (6)$$

この時、それぞれの世帯の人的資本の成長率は $\gamma+\delta=1$ の時は $\theta(1-\alpha)^{\gamma}$ で与えられる。また、平均 μ_t については、(6) より次のようになる。[1]

$$\mu_{t+1} = \ln\theta(1-\alpha)^{\gamma} + (\gamma+\delta)\mu_t \qquad (7)$$

ここでは $\gamma+\delta\geq1$ のケースを考えよう。(7) はさらに、次のように変形することができる。

$$\frac{\mu_{t+1}}{\mu_t} = \frac{\ln\theta(1-\alpha)^{\gamma}}{\mu_t} + (\gamma+\delta) \qquad (8)$$

μ_t が時間を通じて成長を続けることで、$\dfrac{\ln\theta(1-\alpha)^{\gamma}}{\mu_t}$ はどんどん小さくなり、最終的に成長率は $\gamma+\delta$ に近づいていくことになる。

次に格差であるが、t 期の人的資本の格差と $t+1$ 期の人的資本の格差の関係は、次のように示すことができる。[2]

$$\sigma_{t+1}^2 = (\gamma+\delta)\sigma_t^2 \qquad (9)$$

ただし、σ_t^2 は $\ln h_t$ の分散を示す。この時、$\gamma+\delta=1$ であれば、時間を通じて格差は拡大も縮小もしないことが分かる。そして、$\gamma+\delta>1$ であれば、格差は拡大することとなる。

次に、公的教育について考えてみよう。公的教育の場合、教育投資は中位投票者の選挙によって決められるが、この場合、すべての者は同じ税率を選択することとなる。以下、説明してみよう。

1　(6) の対数を取ると、$\ln h_{t+1} = \ln\theta(1-\alpha)^{\gamma} + (\gamma+\delta)\ln h_t$ となり、平均を考えると $\mu_{t+1} = \ln h_{t+1}$ より、(7) を導くことができる。

2　(6) の対数を取ったもの $\ln h_{t+1} = \ln\theta(1-\alpha)^{\gamma} + (\gamma+\delta)\ln h_t$ と (7) を引くことで、$\ln h_{t+1} - \mu_{t+1} = (\gamma+\delta)(\ln h_t - \mu_t)$ を得ることができる。そして、両辺を二乗して平均値を取ると $E(\ln h_{t+1} - \mu_{t+1})^2 = (\gamma+\delta)^2 E(\ln h_t - \mu_t)^2$ が得られる。$E(\ln h_t - \mu_t)^2 = \sigma_t^2$ より (9) が得られる。

78

まず、公的教育の場合、予算制約式は次のようになる。

$$c_t = (1-\tau_t)h_t \tag{10}$$

税率が決まれば自動的に教育投資の大きさも決まり、消費の大きさも決まる。個人の最適化行動の余地はない。なお、公的教育の予算制約式は $\tau_t\overline{h}_t = e_t$ となる。

$$\tau_t\overline{h}_t = e_t \tag{11}$$

ただし、$\overline{h}_t$ は社会全体(社会平均)の人的資本水準である。(10) と (11) を (2) に代入すると、次の間接効用関数を得ることができる。

$$\begin{aligned} u_t &= \alpha\ln(1-\tau_t)h_t + (1-\alpha)\ln\tau_t\overline{h}_t \\ &= \alpha\ln(1-\tau_t) + (1-\alpha)\ln\tau_t + \alpha\ln h_t + (1-\alpha)\ln\overline{h}_t \end{aligned} \tag{12}$$

τ_t について微分すると、税率 $\tau = 1-\alpha$ を得ることができる。よって所得のうちの $1-\alpha$ の割合を教育投資に配分することから、所得の配分比率は私的教育と同じになる。

しかし、注意しなければならないことがある。それは人的資本の成長率と格差への影響である。まず、人的資本の成長率である。経済全体の人的資本 $\overline{h}_t$ は対数正規分布の下では、$\overline{h}_t = e^{\mu_t + \frac{\sigma_t^2}{2}}$ で与えられる[3]。よって、これを考慮すると、μ_t の成長率は私的教育のケースと同様に、次のように示すことができる。

$$\frac{\mu_{t+1}}{\mu_t} = \frac{\ln\theta(1-\alpha)^\gamma + \frac{\gamma\sigma_t^2}{2}}{\mu_t} + (\gamma+\delta) \tag{13}$$

---

[3] ここでの e はネイピア指数と言われるものであり、およそ 2.718 の値を持つものである。

となり、長期的には、私的教育の成長率と同じになる[4]。そして、格差であるが、次のようになる[5]。

$$\sigma_{t+1}^2 = \delta \sigma_t^2 \tag{14}$$

　よって、公的教育の場合は、必ず時間を通じて格差が縮小することが分かる。これは直感的である。なぜなら、世帯の所得は教育費とは無関係であり、高所得世帯も低所得世帯も同じ教育投資を子どもに行うためである。以上が Glomm and Ravikumar（1992）の説明である。

3　外部性と所得格差

　Glomm and Ravikumar（1992）では、公的教育と私的教育を比べ、私的教育は所得格差が時間を通じて拡大することを示した。しかし、私的教育でも、外部性を考慮すれば、所得格差が縮小することが Tamura（1991）や Yasuoka, Nakamura and Katahira（2008）などで示されている。ここでは個々の子どもの人的資本は、親から子どもへの教育投資と親の人的資本の水準だけでなく、社会全体の人的資本の水準にも影響を受けると考えている。すなわち、社会全体の人的資本の水準というのが、ここで考える外部性なのである。具体的には、次のような人的資本の蓄積関数を定義する。

4　(1) に $e_t = (1-\alpha)\overline{h}_t = (1-\alpha)e^{\mu + \frac{\sigma_t^2}{2}}$ を代入すると、$h_{t+1} = \theta(1-\alpha)^\gamma \left(e^{\mu + \frac{\sigma_t^2}{2}} \right)^\gamma h_t^\delta$ となる。

そして、対数を取ると、$\ln h_{t+1} = \ln \theta(1-\alpha)^\gamma + \gamma\left(\mu_t + \frac{\sigma_t^2}{2}\right) + \delta \ln h_t$ を得ることができる。平均を考えると $\mu_{t+1} = \ln h_{t+1}$ である。なお、$\ln e = 1$ であることに注意。

5　(13) より、$\mu_{t+1} = \ln \theta(1-\alpha)^\gamma + \frac{\gamma\sigma^2}{2} + (\gamma+\delta)\mu_t$ が得られ、

$\ln h_{t+1} = \ln \theta(1-\alpha)^\gamma + \gamma\left(\mu_t + \frac{\sigma_t^2}{2}\right) + \delta \ln h_t$ と両辺を引くと、$\ln h_{t+1} - \mu_{t+1} = \delta(\ln h_t - \mu_t)$ が得られる。この式を二乗して平均を取ると、(14) を得ることができる。

$$h_{t+1} = \theta e_t^{\gamma} \left(h_t^{\varepsilon} \overline{h}_t^{1-\varepsilon} \right)^{\delta}, 0 < \varepsilon < 1 \qquad (15)$$

人的資本の蓄積関数に社会全体の人的資本の水準が投入要素として入っているのである。すなわち、私的教育の中にも、このように世帯間で同一となる投入要素が入ることによって、格差の拡大が縮小されることとなる。私的教育の場合、教育投資は (5) で与えられる。(5) を (15) に代入して、$\ln h_t = \mu_t$ の成長率を、次のようにして求めることができる。

$$\frac{\mu_{t+1}}{\mu_t} = \frac{\theta(1-\alpha)^{\gamma} + \dfrac{\delta(1-\varepsilon)\sigma_t^2}{2}}{\mu_t} + (\gamma + \delta) \qquad (16)$$

よって、$\gamma + \delta \geq 1$ であれば、長期的には $\gamma + \delta$ の率で μ_t の成長が続くこととなる。そして、同時に所得格差の推移も、次のように示すことができる。

$$\sigma_{t+1}^2 = (\gamma + \delta \varepsilon)^2 \sigma_t^2 \qquad (17)$$

たとえ、$\gamma + \delta \geq 1$ であったとしても、ε が小さければ $\gamma + \delta \varepsilon < 1$ となり、時間を通じて、私的教育においても格差は縮小されることとなる。

4　教育投資と選好パラメータ

　教育投資の格差をもたらすのは家計間の所得格差であり、それがさらに将来世代の格差をもたらすことは、既に Glomm and Ravikumar（1992）で述べた通りである。しかし、教育投資に格差をもたらすのは所得格差だけではないだろう。子どもへの教育投資をどのくらい親は選好を持つのかというのも教育投資の格差をもたらすと考えられる。

　例えば、まったく家計間で人的資本の格差がないものとする。そこで、教育投資の選好パラメータ、Glomm and Ravikumar（1992）でいうと $1-\alpha$ の部分であるが、その選好パラメータが大きい家計は、子どもへの教育投資

を多く行い、小さい家計では少なく行うため、格差が生まれることになる。

　また、教育投資を考える上での効用関数にも注意を払う必要があるだろう。Glomm and Ravikumar（1992）のような対数効用関数の場合、教育投資は、所得に対して比例的な関係がある。しかし、それは対数効用関数の場合であって、もし、その仮定を緩めた場合はどうなるだろうか。それについて分析したものが Watanabe and Yasuoka（2009）である。

　Watanabe and Yasuoka（2009）では、対数効用関数ではなく、下記のような相対的危険回避度一定の効用関数を用いて説明を行った。[6]

$$u_t = \frac{e_t^{1-\phi}}{1-\phi} + \frac{c_t^{1-\sigma}}{1-\sigma}, 0 < \phi, 0 < \sigma \tag{18}$$

　予算制約式（3）を制約として私的教育で考えた場合、効用最大化問題を解くことで、教育投資の水準は、次のように示すことができる。

$$e_t + e_t^{\frac{\phi}{\sigma}} = h_t \tag{19}$$

　この式を満たすように、教育投資の大きさが決定される。右辺の人的資本 h_t は前期に与えられるものであり、一定である。Glomm and Ravikumar（1992）や多くの人的資本の蓄積理論のモデルでは対数効用関数を考えており、$\phi=1, \sigma=1$ のケースである。この時、（19）は $e_t = \frac{1}{2}h_t$ となり、教育投資の大きさは、人的資本で示される家計の所得と線形の関係になる。言いかえると、$\frac{e_t}{h_t} = \frac{1}{2}$ となり、人的資本で示される家計の所得に対する比率は一定となる。

　しかし、$\frac{\phi}{\sigma}$ が 1 ではない場合は、人的資本に対する教育費の割合は人的資本の水準によって変わってくることになる。このように対数効用関数でない場合は、選好パラメータと教育費の関係が、人的資本の比例関数とはならないと考えられるので、格差への影響も実質的に出てくるものと思われる。

6　この効用関数は相対的危険回避度一定の効用関数と言われるものであり、この効用関数について $\phi=1, \sigma=1$ と特定化したものが、対数効用関数 $\ln e_t + \ln c_t$ となる。

ϕ, σ がともに 1 でなくても $\phi = \sigma$ であれば、人的資本に対する教育投資の割合は常に一定となる。なお、(2) のような対数効用関数を考える場合、人的資本に対する教育費の割合は $\frac{e_t}{h_t} = 1 - \alpha$ で示される。この場合、人的資本の水準に関係なく、人的資本に対する教育投資の割合は一定となる。ただ、この対数効用関数の場合、家計間で選好パラメータ α が違えば、教育投資に対する選好の違いが、教育投資格差をもたらすことになるので、所得格差以外の教育投資格差を選好で説明する時には用いやすい設定である。

5 教育選択モデル

これまでのモデルは 1 つの教育制度が存在する場合のみを考えてきた。しかし実際は税負担が多く投入される公的教育と税負担が部分的に投入、またはまったく投入されない私的教育が同時に併存しており、どちらの教育を受けるのかを選択している。これら 2 つの教育制度が存在する下で、どのようにそれぞれの教育制度を選択する割合が決まるのかを Cardak (2004) では分析している。

Glomm and Ravikuma (1992) のモデルに Cardak (2004) の要素を入れて、教育選択モデルを設定してみよう。まず、人的資本の蓄積方程式、家計の効用関数、家計の予算制約式は Glomm and Ravikumar (1992) モデルと同様のものを用いる。再掲すると次の式である。

$$h_{t+1} = \theta e_t^{\gamma} h_t^{\delta}, 0 < \theta, 0 < \gamma < 1, 0 < \delta < 1 \tag{1}$$

$$u_t = \alpha \ln c_t + (1-\alpha)\ln e_t, 0 < \alpha < 1 \tag{2}$$

$$c_t + e_t = (1-\tau_t)h_t \tag{3}$$

ここで、家計は所与の人的資本水準 h_t と税率 τ_t の下で、公的教育と私

的教育のどちらを選択するのかを決める。はじめに、もし公的教育を選択する場合、消費と教育投資はそれぞれ次のようになる。

$$c_t = (1-\tau_t)h_t \tag{20}$$

$$e_t = \frac{\tau_t \overline{h_t}}{\beta_t} \tag{21}$$

ただし、β_t は公的教育を選択する者の割合である。公的教育の財源として集めた税収を、均等に1人当たりの公的教育投資に配分しているのである。

そして、私的教育を選んだ場合、消費と教育投資はそれぞれ次のようになる。

$$c_t = \alpha(1-\tau_t)h_t \tag{22}$$

$$e_t = (1-\alpha)(1-\tau_t)h_t \tag{23}$$

Glomm and Ravikumar（1992）との違いは、私的教育を選んでも公的教育のための税を負担しなければならないところである。

公的教育と私的教育のそれぞれを選択した場合の効用水準として間接効用関数を求めてみよう。公的教育については (20)、(21) を (2) に代入して、私的教育については (22)、(23) を (2) に代入して、それぞれ次の間接効用関数 v_t^u, v_t^r を得ることができる。

$$v_t^u = \alpha \ln(1-\tau_t)h_t + (1-\alpha)\ln \frac{\tau_t \overline{h_t}}{\beta_t} \tag{24}$$

$$v_t^r = \alpha \ln(1-\tau_t)\alpha h_t + (1-\alpha)\ln(1-\tau_t)(1-\alpha)h_t \tag{25}$$

(24) よりも (25) の効用水準の方が高くなる場合、私的教育を選択することとなる。この選択に関する式について、もう少し考察を進めてみよう。Glomm and Ravikumar（1992）のように、公的教育の水準を政治的に決定する。すなわち、多数決投票で決める場合の公的教育の水準としての τ_t を求めて、公私教育の選択を考えてみよう。

(24)について、τ_t で微分してゼロと置くと、Glomm and Ravikumar（1992）

のように、次のように示すことができる[7]。

$$\tau_t = 1 - \alpha \qquad (26)$$

この税率の水準は公的教育を選択する者であれば、人的資本の水準にかかわらず、同一の税率を選択する。そして、時間を通じて一定である。一方、私的教育を選択する者はゼロの税率を選択する。その方が私的教育の場合の効用を、税率が存在するより増やすことができるからである。となると、公的教育が存在するためには、公的教育を選択する者が半数以上いなければならないこととなる。以下の議論では、その条件を前提として話を進めよう。

(26)を(24)と(25)にそれぞれ代入すると、次の式を得ることができる。

$$v_t^u = \alpha \ln \alpha h_t + (1 - \alpha) \ln \frac{(1 - \alpha)\overline{h_t}}{\beta_t} \qquad (27)$$

$$v_t^r = \alpha \ln \alpha^2 h_t + (1 - \alpha) \ln \alpha (1 - \alpha) h_t \qquad (28)$$

(27)と(28)より、次の不等式が成立する時は公的教育を選択する。

$$v_t^u - v_t^r = (1 - \alpha) \ln \frac{\overline{h_t}}{\beta_t} - \alpha \ln \alpha - (1 - \alpha) \ln \alpha - (1 - \alpha) \ln h_t > 0 \qquad (29)$$

人的資本水準 h_t が小さい家計はこの不等式を満たしやすくなり、公的教育を選択することとなる。ちょうど、公的教育と私的教育を選択しても同じ効用水準を得ることができる者の持つ人的資本水準 h_t^* は、次の式を満たすように与えられる。

$$(1 - \alpha) \ln \frac{\overline{h_t}}{\beta_t} - \alpha \ln \alpha - (1 - \alpha) \ln \alpha = (1 - \alpha) \ln h_t^* \qquad (30)$$

簡略化して分析するため、人的資本水準 h_t の分布については Glomm and Ravikumar (1992) と異なり、一様分布を仮定する。人的資本水準 h_t が

7　β_t も τ_t の水準によって変化し得ると考えられるが、結果を直感的に示すため、ここでは τ_t の水準は β_t に影響を与えないと考えている。

$[0, \hat{h_t}]$ の範囲で一様に均一に分布していると仮定するのである。実際、所得分布は対数正規分布で見られたように、平均値より少ないところの割合が最も多く、非対称的な分布であるが、一様分布はすべての人的資本水準で一定数の割合が均等に分布しているのである。

　この時、h_t^* よりも少ない水準の人的資本を持つ家計が公的教育を選択するので、β_t は次のように示すことができる。

$$\beta_t = \frac{h_t^*}{\hat{h_t}} \tag{31}$$

ここでは、平均からの乖離の程度で所得格差への影響を見てみよう。まずは公的教育の場合であるが、公的教育を選択する者の人的資本の平均を h_t^u とする。この時、(1)、(21)、(26) より、次の式を示すことができる。

$$\frac{h_{t+1}}{h_{t+1}^u} = \left(\frac{h_t}{h_t^u}\right)^\delta \tag{32}$$

　$0<\delta<1$ なので、時間を通じて、公的教育を選択している家計の中での人的資本の格差は縮小していくことが分かる[8]。すなわち、ここでも、公的教育は格差を縮小させることを示すことができたのである。

　次に私的教育を選択した場合についてであるが、(1)、(23)、(26) から、私的教育を選択する家計の人的資本の成長率は $\gamma+\delta=1$ の時、次のように示すことができる。

$$\frac{h_{t+1}}{h_t} = \theta\left(\alpha(1-\alpha)\right)^\gamma \tag{33}$$

　したがって、私的教育を選択する家計はすべて同じ人的資本の成長率を持つため、人的資本の格差は縮小することはない。また、公的教育を選択する割合は (33) のように、私的教育の人的資本は一定率で成長することを考えると $\frac{h_t^*}{\hat{h_t}}$ の比率は時間を通じて一定であると考えられる。

---

[8] 個人の人的資本 h_{t+1} と公的教育の平均的な人的資本 h_{t+1}^u の比率は時間を通じて、1に近づくと言える。

6 子どもの数と質のモデル

子どもへの教育投資モデルについて、これまで紹介してきたが、現実では、家計は、子どもの数の決定とその子どもに対する教育投資の大きさを同時に決定していると考えられるだろう。すなわち、子どもの数だけを選択または子どもへの教育投資だけを選択する状況はないだろう。

では、子どもの数と子どもへの教育投資を同時に家計が決定する場合、家計が選択する子どもの数と子どもへの教育投資はどのように決まるのだろうか。ここでは、基本的な子どもの数と質のモデルを紹介し、補助政策によって子ども数と教育投資の水準がどのようになるかを見てみよう。

子どもの数と質に関する研究としてのモデル Zhang（1997）、De la Croix and Doepke（2003）、Yasuoka and Miyake（2014）を挙げたい。なお、ここでは子どもへの教育投資の水準を子どもの質と呼んでいる。いずれも子どもの数と質に関するモデルを設定している。Zhang（1997）では、子どもの数への補助政策（児童手当や育児支援給付など）と子どもへの教育投資の補助の政策を考察対象とし、それぞれの政策を行うことによって、どのようになるかを示している。結果としては、児童手当政策は、子どもの数を増やす一方で、子どもへの教育投資を減らし、教育補助政策は、子どもへの教育投資を増やす一方で、子どもの数を減らすというものである。これは数と質のトレードオフと言われるもので、子どもの数を増やすことのコストが下がることで、子どもの数を増やすことが相対的に低いコストでできる。一方で、子どもへの教育投資は割高になるので、教育投資を減らすというものである。Yasuoka and Miyake（2014）は、Zhang（1997）のモデルを単純な世代重複モデルに設定しなおし、年金を考慮した分析を行ってい

る[9]。なお、De la Croix and Doepke（2003）は所得格差を考慮し、高い所得水準ほど低出生率、低い所得水準ほど高出生率、といった出生率格差が所得格差によってもたらされることを示した。ここでは Zhang（1997）を簡略化したモデルを提示した Yasuoka and Miyake（2014）や Yasuoka（2018）から年金を除いたモデルを用いて、簡単にモデルの説明をしよう。

　モデル経済には、家計、企業、政府の 3 つの経済主体が存在する。ただし、小国開放経済を仮定し、賃金率 w（人的資本当たりの賃金率）と利子率 r は固定されたものとして考える。

　家計における個人は若年期と老年期の 2 期間生存し、若年期に、子ども数 n_t、子どもへの教育投資 e_t の大きさを決める。t 期の若年世代は $t+1$ 期には老年世代になる。老年期には消費 c_{t+1} を行うのみである。別に消費は若年期でもよく、1 時点のモデルにしても問題はないし、若年期と老年期に消費をするとしても結果に本質的な影響は与えない。

　なお、子どもの人的資本 h_{t+1} は、次のように与えられるものとする。

$$h_{t+1} = e_t^\varepsilon h_t^{1-\varepsilon}, 0 < \varepsilon < 1 \tag{34}$$

ただし、h_t は親の人的資本の水準である。

　次に、効用関数についてであるが、次のように仮定する[10]。

$$u = \alpha \ln n_t + \beta \ln e_t + (1-\alpha-\beta)\ln c_{t+1}, 0 < \alpha < 1, 0 < \beta < 1, \alpha + \beta < 1 \tag{35}$$

9　Zhang（1997）は、子ども及び将来世代の効用水準が、自らの効用水準に含まれる王朝モデルを仮定して分析を行っている。この場合、今期での子ども数及び子どもへの教育投資の決定が子孫の効用を変化させるため、その効果を考慮して、今期の子ども数と子どもへの教育投資を決めるため、導出される解が複雑になる。

10　De la Croix and Doepke（2003）などでは、効用関数を $u=\alpha\ln n_t+\beta\ln h_{t+1}+(1-\alpha-\beta)\ln c_{t+1}$ と仮定し分析をしているが、違いは、効用を教育投資から得るのか、子どもの人的資本から得られるのかの違いである。子どもの人的資本は（34）より子どもへの教育投資に依存するので、結局、ここで扱う効用関数と De la Croix and Doepke（2003）で扱う両者の効用関数は本質的に同じである。

若年期の予算制約式は、次のように示される。

$$(z_t - q_t)n_t + (1-x)e_t n_t + s_t = (1-\tau)wh_t \tag{36}$$

z_t は子どもの数を 1 人増やすために必要な支出、q_t は子ども数に比例的に与えられる育児支援給付、x は子どもへの教育投資の補助率、τ はその給付のために税を徴収する際の税率である。s_t は老年期の消費のための貯蓄である。

ここで、育児コスト z_t と育児支援給付 q_t は賃金比例的な形として、次のように示すことができる。

$$z_t = \bar{z}wh_t, 0 < \bar{z} \tag{37}$$

$$q_t = \bar{q}wh_t, 0 < \bar{q} \tag{38}$$

次に、老年期についてであるが、貯蓄の元本と利子を消費に充てる。老年期の予算制約式は、次のようになる。

$$(1+r)s_t = c_{t+1} \tag{39}$$

(36) と (39) より生涯の予算制約式は、次のように示すことができる。

$$(z_t - q_t)n_t + (1-x)e_t n_t + \frac{c_{t+1}}{1+r} = (1-\tau)wh_t \tag{40}$$

(40) の制約の下で効用関数 (35) を最大化する配分を求める。ラグランジュ関数は、次のように設定することができる。

$$
\begin{aligned}
L = &\alpha \ln n_t + \beta \ln e_t + (1-\alpha-\beta)\ln c_{t+1} \\
&+ \lambda\left((1-\tau)wh_t - \frac{c_{t+1}}{1+r} - (z_t - q_t)n_t - (1-x)e_t n_t\right)
\end{aligned} \tag{41}
$$

最適解の必要条件は、次の通りである。

$$\frac{\partial L}{\partial n_t} = \frac{\alpha}{n_t} - \lambda(z_t - q_t + (1-x)e_t) = 0 \rightarrow \frac{\alpha}{\lambda} = (z_t - q_t)n_t + (1-x)e_t n_t \tag{42}$$

$$\frac{\partial L}{\partial e_t} = \frac{\beta}{e_t} - \lambda(1-x)n_t = 0 \to \frac{\beta}{\lambda} = (1-x)e_t n_t \tag{43}$$

$$\frac{\partial L}{\partial c_{t+1}} = \frac{1-\alpha-\beta}{c_{t+1}} - \frac{\lambda}{1+r} = 0 \to \frac{1-\alpha-\beta}{\lambda} = \frac{c_{t+1}}{1+r} \tag{44}$$

(42)、(44) を (40) に代入すると、次の式が得られる。

$$\frac{1-\beta}{\lambda} = (1-\tau)wh_t \tag{45}$$

(42) と (43) より、子どもへの教育投資は、次のように示される。

$$e_t = \frac{\beta(z_t - q_t)}{(\alpha - \beta)(1-x)} \tag{46}$$

ここでは、e_t が正の値となるように $\alpha > \beta$ を仮定する。そして、(37)、(38) を考慮すると子どもへの教育投資は、次のように示すことができる。

$$e_t = \frac{\beta(\bar{z} - \bar{q})wh_t}{(\alpha - \beta)(1-x)} \tag{47}$$

人的資本当たりの子どもへの教育投資 $\dfrac{e}{h} = \dfrac{\beta(\bar{z} - \bar{q})w}{(\alpha - \beta)(1-x)}$ は、時間を通じて一定となる。ここで子ども数を増やすための育児支援給付 $\bar{q}$ の増加は、教育投資を引き下げ、一方で、教育補助政策は教育投資を引き上げることが分かる。

(40)、(42)、(43)、(45)、そして (37)、(38) を代入すると子ども数は、次のように与えられる。

$$n = \frac{(\alpha - \beta)(1-\tau)}{(1-\beta)(\bar{z} - \bar{q})} \tag{48}$$

では次に、政府の予算制約式を考えよう。若年世代の人口サイズを N_t とし、集めた税収で政策のための給付を行う均衡予算を考えると、政府の予算制約式は、次のように示すことができる。

$$\tau N_t wh_t = q_t N_t n_t + x N_t e_t n_t \to \tau = \bar{q}n + \frac{xne_t}{wh_t} \tag{49}$$

はじめに、集めた税収を育児支援給付にのみ使う場合、(49) は次のようになる。

$$\tau = \overline{q}n \tag{50}$$

これを (48) に代入すると次の式が得られる。

$$n = \frac{\alpha - \beta}{(1-\beta)\overline{z} - (1-\alpha)\overline{q}} \tag{51}$$

したがって、子ども数は増加することとなる。次に、集めた税収を教育補助のみに使う場合、(49) は次のようになる。

$$\tau = \frac{xne_t}{wh_t} \to \tau = \frac{xn\beta\overline{z}}{(\alpha - \beta)(1-x)} \tag{52}$$

よって、教育補助政策により、x の引き上げは (47) より教育投資を増やすことが分かる一方で、(48) より子ども数は税負担の増加によって、減少することとなる。ここで子どもの数と質のトレードオフ状態を導出することができた。トレードオフとは、片方が増加すると、もう片方が減少するという関係である。

ここで、育児支援給付の政策を考えると、子ども数は増えて、教育投資は減る。これは、育児支援給付によって、子どもの数を増やすコストが低くなり、割高となった教育投資を減らすという代替が起きていると考えられる。

一方で、教育補助政策を行うと、教育投資は増加する一方で子ども数は減少する。これも数と質のトレードオフと言いたいところであるが、厳密には、税負担の増加により可処分所得が減り、その結果として子ども数が減っているのである。したがって、結果だけを見ると、子どもの数と質の代替が起きてトレードオフの関係が成立しているように思われるが、子ども数は税負担の増加により減らしているので、代替による減少ではないと言える。

7　教育投資と熟練労働

　さて、本章の最後では人的資本理論を用いたもので、子どもへの教育投資を考えるのではなく、Caselli（1999）や Chen（2015）で考えられている教育投資を考えたい。これらの論文は教育投資というよりも、トレーニングコストと考えた方が良いかもしれない。簡単なモデルの説明は次の通りである。まず、社会には高い賃金をもらう熟練労働と低い賃金をもらう非熟練労働の 2 つのタイプの労働者がいる。そして、熟練労働者になるためには、一定のトレーニングコストを支払わなければならない。このコストが Caselli（1999）の場合、個人間で異なっているという設定が置かれている。トレーニングコストが低くて済む個人は、熟練労働を選択するが、トレーニングコストの高い個人は、熟練労働ではなく、非熟練労働を選択するのである。以下、簡単にモデルを設定して説明したい。

　まず、家計における個人は若年期と老年期の 2 期間生存して、若年期に労働をして賃金を得る。賃金は熟練労働の場合と非熟練労働の場合の 2 つがあり、それぞれの賃金を w^h、w^l とする。ただし、$w^h > w^l$ である。若年期の消費と老年期の消費をそれぞれ $c_{y,t}$、$c_{o,t+1}$ とする。効用関数は、次のような対数効用関数を仮定する。

$$u = \alpha \ln c_{y,t} + (1-\alpha) \ln c_{o,t+1}, 0 < \alpha < 1 \qquad (53)$$

　次に、企業の問題を考える。企業の生産関数を、次のように仮定する。

$$Y_t = K_t^\theta L_{h,t}^{1-\theta} + A L_{l,t}, 0 < \theta < 1, 0 < A \qquad (54)$$

　ただし、$L_{h,t}$ と $L_{l,t}$ はそれぞれ熟練労働者数と非熟練労働者数であり、Y_t は生産量である。企業の利潤最大化の問題より、熟練労働と非熟練労働の賃金水準は、次のように示される。

$$w_t^h = (1-\theta)k_t^\theta \qquad (55)$$

$$w_t^l = A \qquad (56)$$

ただし、 $k_t = \dfrac{K_t}{L_{h,t}}$ である。熟練労働は機械などの資本を使って生産を行うが、非熟練労働は労働だけで生産活動が行われる。

次に、個人の職業選択についてであるが、それぞれの個人は訓練コストを支払って訓練しなければ、非熟練労働で働くこととなる。一方で、訓練コスト $\sigma_t w_t^h$ を支払うことで、熟練労働で働くこととなる[11]。なお、この訓練コストは個人間で異なっており、$[0, \bar{\sigma}]$ の範囲で一様分布していると仮定する。次の不等式が成立する個人は、熟練労働で働くこととなる。

$$w_t^h - \sigma_t w_t^h > w_t^l \qquad (57)$$

そして、熟練労働と非熟練労働のどちらで働いても、無差別となる個人の持つ訓練コストを σ_t^* とすると、次の式が成立する。

$$w_t^h - \sigma_t^* w_t^h = w_t^l \to (1-\theta)k_t^\theta(1-\sigma_t^*) = A \qquad (58)$$

以上より、熟練労働者の割合は $\dfrac{\sigma^*}{\bar{\sigma}}$、非熟練労働者の割合は $\dfrac{\bar{\sigma}-\sigma^*}{\bar{\sigma}}$ となる。$\bar{\sigma}=1$ とすると、ちょうど σ^* と $1-\sigma^*$ が熟練労働者と非熟練労働者の割合となる。

(58)より、資本ストック k_t が増えることで、σ^* が上がることが分かる。すなわち、熟練労働者の割合は増えることとなる。これは、資本ストックが増加することで、労働の限界生産性が大きくなり賃金水準が高くなるためである。

熟練労働と非熟練労働の予算制約式は、それぞれ次の通りとなる。

---

11 2章と異なり、トレーニングコストは賃金率に比例的な形で仮定している。賃金率が上昇すると、それに応じて、必要なトレーニングコストも増加することとなる。

$$c_{y,t} + \frac{c_{o,t+1}}{1+r_{t+1}} = w_t^h \left(1 - \sigma_t^*\right) \tag{59}$$

$$c_{y,t} + \frac{c_{o,t+1}}{1+r_{t+1}} = w_t^l \tag{60}$$

　効用最大化問題からそれぞれの個人の貯蓄を求めることができる。それぞれの個人の割合が σ^* と $1-\sigma^*$ なので、全体の貯蓄 s_t は次のように示すことができる。[12]

$$s_t = \left(1-\alpha\right)\left(\int_0^{\sigma_t^*} (1-\theta)k_t^\theta (1-\sigma_t)d\sigma_t + \left(1-\sigma_t^*\right)A\right) \tag{61}$$

　若年世代の人口サイズを N_t とすると、資本市場の均衡式は $K_{t+1}=N_t s_t$ となる。$\frac{N_{t+1}}{N_t} = n$ とすると、最終的には資本の動学方程式を、次のように示すことができる。

$$k_{t+1} = \frac{\left(1-\alpha\right)\left((1-\theta)k_t^\theta\left(\sigma_t^* - \frac{\sigma_t^{*2}}{2}\right) + \left(1-\sigma_t^*\right)A\right)}{\sigma_{t+1}^* n} \tag{62}$$

　資本ストック k_t が増えることで、$(1-\theta)k_t^\theta\left(\sigma_t^* - \frac{\sigma_t^{*2}}{2}\right)$ は増える一方で、$(1-\sigma_t^*)A$ は減る。資本の蓄積過程で、前者の効果が大きく、また安定的な定常状態が存在する場合、次のような図を示すことができる。[13]

　(62) の曲線と点線の交点が定常均衡点であり、定常状態の資本ストッ

12　$\int_0^{\sigma_t^*} (1-\theta)k_t^\theta (1-\sigma_t)d\sigma_t$ の計算は次の通りである。

$$\int_0^{\sigma_t^*} (1-\theta)k_t^\theta (1-\sigma_t)d\sigma_t = (1-\theta)k_t^\theta \int_0^{\sigma_t^*}(1-\sigma_t)d\sigma_t = (1-\theta)k_t^\theta\left[\sigma_t - \frac{\sigma_t^2}{2}\right]_0^{\sigma_t^*} = (1-\theta)k_t^\theta\left(\sigma_t^* - \frac{\sigma_t^{*2}}{2}\right)$$

である。なお、1 を σ_t で積分すると σ_t、同様に σ_t を積分すると $\frac{\sigma_t^2}{2}$ である。

13　σ_{t+1}^* は (58) で示されているように k_{t+1} の増加関数である。(62) の安定性を調べるためには、σ_t^* と σ_{t+1}^* がそれぞれ k_t と k_{t+1} の関数であることを考慮して $\frac{dk_{t+1}}{dk_t}$ を導出する必要がある。σ_{t+1}^* と k_{t+1} の関係によっては、図 4.2 とは異なる形状が示される可能性があり、図 4.2 で示されている形状は一例である。

94

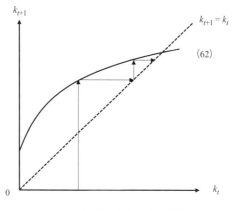

図 4.2　資本ストックの動学

クが求められる。もし、定常状態の資本ストックより、今の資本ストック
が小さい時は、時間を通じて、定常状態に向けて資本ストックは増え続け
ることとなる。この時、熟練労働者の割合は定常状態に到達するまで増え
続けることとなる。

　このモデルでは子ども数の内生化はしていないが、外生的に子ども数が
減少した場合として、n が小さくなった場合を考えてみよう。この時、図
4.3 に示される変化が起こり、定常状態の資本ストックはさらに上昇し、
さらに熟練労働者の割合が増えることとなる。

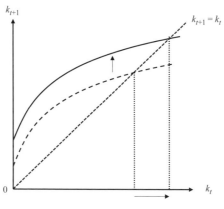

図 4.3　資本ストックの動学

　以上が、教育投資と職業選択の関係を示した経済モデルである。Miyake, Muro, Nakamura and Yasuoka（2009）では、訓練コストの負担について分析しており、公的教育のように、すべての個人に教育に必要な訓練コストを政府が負担する場合の考察を行っている。この場合、社会厚生は下がることがその論文では示されている。

参考文献

Cardak B.A.（2004）"Education choice, endogenous growth and income distribution," *Economica*, vol. 71, pp. 57–81.

Caselli F.（1999）"Technological revolutions," *American Economic Review*, vol. 89（1）, pp. 78–102.

Chen, H.-J.（2015）"Child allowances, educational subsidies and occupational choice," *Journal of Macroeconomics*, vol. 44（C）, pp. 327–342.

De la Croix D. and Doepke M.（2003）"Inequality and growth: Why differential fertility matters," *American Economic Review*, vol. 93（4）, pp. 1091–1113.

Glomm G. and Ravikumar B.（1992）"Public versus private investment in human capital endogenous growth and income inequality," *Journal of Political Economy*, vol. 100（4）, pp. 818–834.

Miyake A., Muro K., Nakamura T. and Yasuoka M.（2009）"Public versus private education in the presence of occupational choice," *The All China Economics International Conference Paper Collection*.

Tamura R.（1991）"Income convergence in an endogenous growth model," *Journal of Political Economy*, vol. 99（3）, pp. 522–540.

Watanabe M. and Yasuoka M.（2009）"Income growth, inequality and preference for education investment: A note," *Economics Bulletin*, vol. 29–4, pp. 3075–3082.

Yasuoka M., Nakamura T. and Katahira M.（2008）"Private education and positive growth with shrinking income inequality: A note," *Economics Bulletin*, vol. 9（4）, pp.1–8.

Yasuoka M. and Miyake A.（2014）"Fertility rate and child care policies in a pension system," *Economic Analysis and Policy*, vol. 44（1）, pp. 122–127.

Yasuoka M.（2018）"Fertility and education investment incentive with a pay-as-you-go pension," *Eurasian Economic Review*, vol. 8（1）, pp. 37–50.

Zhang J.（1997）"Fertility, growth, and public investments in children," *Canadian Journal of Economics*, vol. 30（4）, pp. 835–843.

第5章

賦課方式年金と出生率・教育投資

1　はじめに

　日本の現在の年金制度は修正積立方式と言われる仕組みで運営されている。現役世代から徴収した保険料はそのまま年金を受け取る老年世代の給付に充て、さらに積立金を取り崩し、老年世代の給付に充てている。

　そもそも年金制度には大きく分けて積立方式と賦課方式がある。積立方式とは、現役時に得た所得の一部を保険料として納め、それが積立金として運用され、老年期になった時にその保険料の元本及び運用益が年金の給

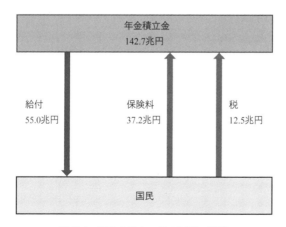

図 5.1　現在の日本の年金制度の運営

（出所：厚生労働省「平成 29 年度年金制度のポイント」より著者作成。年金積立金は 2016
　年度末、その他数値は 2017 年度）

付として戻ってくる仕組みである。この場合、保険料を投入して給付が戻ってくるわけであるが、その収益率は利子率である。もちろん、どのように資産運用するのかによって、収益率は異なる。この収益率の不確実性については、Borgmann（2005）や Yasuoka and Oshio（2008）などで分析が行われている。なお、まったく運用をせず、手元に積み立てたままであれば、インフレ率の分だけ、積立金は目減りすることとなる。積極的に運用して、元本割れリスクの高い株式や外国為替に投資して、大きな収益を得られるかもしれないし、大きく元本割れするかもしれない。しかしながら、昨今の日本が直面している人口減少の問題は積立方式で運営している限り、直接的な問題をもたらさない。

　そして、賦課方式とは、現役世代の納めた保険料が、その時に生存している老年世代の年金給付の財源に充てられる仕組みである。この時、年金の収益率は人口成長率となる。現役世代の人数が老年世代の人数に比べて多いほど、老年世代1人当たり受け取る給付は大きくなるのである。

　このように修正積立方式は積立方式と賦課方式の折衷型と言える。賦課方式の要素が日本の年金の仕組みに組み込まれている場合、人口水準、すなわちそれに影響を与える出生率の水準は大きな問題となる。

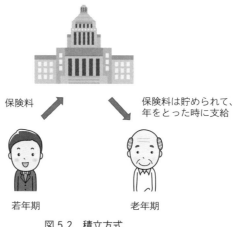

図 5.2　積立方式

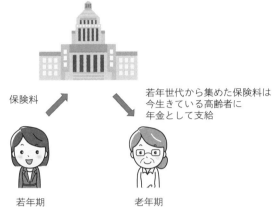

保険料

若年世代から集めた保険料は
今生きている高齢者に
年金として支給

若年期　　　　　　　老年期

図 5.3　賦課方式

　そもそも、年金制度がない場合、子どもに生活費などの面倒をみてもらうことが必要であったが、年金制度のおかげで、子どもに面倒みてもらう必要がなくなり、それが子ども数を減らす動機につながり、そして人口成長率が低下することを通じて、年金制度が維持できないという皮肉な結果が得られることは Nishimura and Zhang（1992）、Oshio and Yasuoka（2009）などで説明されている。

　子どもによる親の世話を考慮しないモデルで、出生率内生化と年金については van Groezen, Leers and Meijdam（2003）などで分析されている。また、子どもへの教育投資は、将来の人的資本水準を増やすことを通じて、出生率の増加と同様に、老年期に受け取る年金給付を増やす効果がある。このことは、Yasuoka and Miyake（2014）などで説明されている。

　さらに、年金保険料と給付の関係については、保険料を固定にして給付については、政府の予算制約を満たすように決める保険料固定方式（確定拠出年金）と、給付を固定にして、保険料については、政府の予算制約を満たすように決める給付固定方式（確定給付年金）がある。本章では、出生率内生化＋確定拠出年金をベースとしたモデルを示した上で、年金を確定給付年金に変えた場合、出生率内生化に加えて子どもへの教育投資を考

慮したモデルを展開して、一連の研究の説明をしたい。

2　年金を考慮した出生率内生化モデル

　本節では、年金制度を考慮した出生率内生化モデルの設定について説明しよう。年金制度を考慮した出生率内生化モデルは様々な論文で設定されているが、ここでは、安岡（2006）をもとにして設定してみよう。

　はじめに、育児支援政策の分析のための最も簡単なモデルを設定しよう。このモデルにおいては家計、企業、政府の3つの経済主体が存在する。家計における個人は若年期と老年期の2期間生存する。若年期には、非弾力的に1単位の労働を行い、賃金w_tを得る。しかし、その賃金から、育児支援のための税（税率τ）と年金保険料（保険料率ε）が徴収される。そして、その税と保険料が控除された賃金所得を若年期の消費$c_{y,t}$と子育て支出、そして、老年期の消費$c_{o,t+1}$のための貯蓄s_tに配分する。

　なお、子育て支出として、子どもを1人育てるのに必要なコストをz_tとし、育児支援政策による子ども1人当たりが受け取る給付の大きさをq_tとする。子ども数がn_t人の時、子育てのための給付を考慮した子育ての純支出は、$(z_t-q_t)\,n_t$となる。なお、tは期間を示し、t期に若年期の者は$t+1$期に老年期の者となる。この時、若年期の予算制約式は、次のように示される。

$$c_{y,t} + (z_t - q_t)n_t + s_t = (1 - \tau - \varepsilon)w_t \tag{1}$$

　次に、老年期の行動についてであるが、老年期は労働せず、消費は貯蓄の元本と利子、そして、年金給付P_{t+1}で賄う。老年期の予算制約式は、次のようになる。

$$c_{o,t+1} = (1 + r_{t+1})s_t + P_{t+1} \tag{2}$$

ここで、r_{t+1} は利子率である。(2) を $s_t = \dfrac{c_{o,t+1}}{1+r_{t+1}} - \dfrac{P_{t+1}}{1+r_{t+1}}$ として、(1) に代入することによって、生涯の予算制約式を次のように示すことができる。

$$c_{y,t} + (z_t - q_t)n_t + \frac{c_{o,t+1}}{1+r_{t+1}} = (1-\tau-\varepsilon)w_t + \frac{P_{t+1}}{1+r_{t+1}} \tag{3}$$

さて、次に効用関数についてであるが、次のように仮定する。

$$u_t = \alpha \ln n_t + \beta \ln c_{y,t} + (1-\alpha-\beta)\ln c_{o,t+1}, 0<\alpha<1, 0<\beta<1, \alpha+\beta<1 \tag{4}$$

予算制約式 (3) の制約を満たした上で、効用関数 (4) を最大化するように消費や子ども数など各配分を、家計における個人が選択するのである。ラグランジュ関数は、次のように設定することができる。

$$\begin{aligned} L = {} & \alpha \ln n_t + \beta \ln c_{y,t} + (1-\alpha-\beta)\ln c_{o,t+1} \\ & +\lambda\left((1-\tau-\varepsilon)w_t + \frac{P_{t+1}}{1+r_{t+1}} - c_{y,t} - (z_t-q_t)n_t - \frac{c_{o,t+1}}{1+r} \right) \end{aligned} \tag{5}$$

最適解の必要条件は、次の通りである。

$$\frac{\partial L}{\partial n_t} = \frac{\alpha}{n_t} - \lambda(z_t - q_t) = 0 \rightarrow \frac{\alpha}{\lambda} = (z_t-q_t)n_t \tag{6}$$

$$\frac{\partial L}{\partial c_{y,t}} = \frac{\beta}{c_{y,t}} - \lambda = 0 \rightarrow \frac{\beta}{\lambda} = c_{y,t} \tag{7}$$

$$\frac{\partial L}{\partial c_{o,t+1}} = \frac{1-\alpha-\beta}{c_{o,t+1}} - \frac{\lambda}{1+r_{t+1}} = 0 \rightarrow \frac{1-\alpha-\beta}{\lambda} = \frac{c_{o,t+1}}{1+r_{t+1}} \tag{8}$$

$$\frac{\partial L}{\partial \lambda} = (1-\tau-\varepsilon)w_t + \frac{P_{t+1}}{1+r_{t+1}} - c_{y,t} - (z_t-q_t)n_t - \frac{c_{o,t+1}}{1+r_{t+1}} = 0 \tag{9}$$

これらは一階の条件と言われるもので、最適解の必要条件である。(6) – (8) を (3) に代入すると、次の式が得られる。

$$\frac{1}{\lambda} = (1-\tau-\varepsilon)w_t + \frac{P_{t+1}}{1+r_{t+1}} \tag{10}$$

よって、(10)を(6) – (8)に代入して、子ども数と消費が、次のように決まる。

$$n_t = \frac{\alpha\left((1-\tau-\varepsilon)w_t + \dfrac{P_{t+1}}{1+r_{t+1}}\right)}{z_t - q_t} \tag{11}$$

$$c_{y,t} = \beta\left((1-\tau-\varepsilon)w_t + \frac{P_{t+1}}{1+r_{t+1}}\right) \tag{12}$$

$$c_{o,t+1} = (1+r_{t+1})(1-\alpha-\beta)\left((1-\tau-\varepsilon)w_t + \frac{P_{t+1}}{1+r_{t+1}}\right) \tag{13}$$

若年世代の人数は N_t、若年世代 1 人当たりの子ども数を n_t 人持つと、育児支援政策の必要費用は $q_t N_t n_t$ となり、若年世代からの労働所得税の徴収額は $\tau N_t w_t$ である。均衡予算で政策を行うとすると、次の式が成立する。

$$\tau N_t w_t = q_t N_t n_t \to \tau w_t = q_t n_t \tag{14}$$

ここで、1 人当たりの育児費用と育児支援の給付が、次のように賃金比例的であると仮定する。

$$z_t = \overline{z}w_t, 0 < \overline{z} \tag{15}$$

$$q_t = \overline{q}w_t, 0 < \overline{q} \tag{16}$$

（15）と（16）を（11）に代入して、次の式を得ることができる。

$$n = \frac{\alpha\left((1-\tau-\varepsilon) + \dfrac{P_{t+1}}{w_t(1+r_{t+1})}\right)}{\overline{z} - \overline{q}} \tag{17}$$

次に、企業の利潤最大化行動を考える。次の生産関数を仮定する。

$$Y_t = K_t^{\theta} L_t^{1-\theta}, 0 < \theta < 1 \tag{18}$$

ただし、Y_t は産出量、K_t は資本ストック、L_t は労働投入量である。資本は 1 単位で完全減耗すると仮定する。企業は利潤 π_t を最大化する。利潤は次のように定式化できる。

$$\pi_t = K_t^{\theta} L_t^{1-\theta} - (1+r_t)K_t - w_t L_t \tag{19}$$

　よって、利潤最大化を考慮すると、賃金率と利子率は次のように示すことができる。

$$w_t = (1-\theta)k_t^{\theta} \qquad (20)$$

$$1 + r_t = \theta k_t^{\theta-1} \qquad (21)$$

　資本市場の均衡式は、次のように示すことができる。

$$K_{t+1} = N_t s_t \rightarrow n_t k_{t+1} = s_t \rightarrow n_t k_{t+1} = (1-\tau)w_t - (z_t - q_t)n_t - c_{y,t} \qquad (22)$$

なお、$n_t = \dfrac{N_{t+1}}{N_t}$ である。N_t と N_{t+1} はそれぞれ t 期と $t+1$ 期における若年世代の人口サイズである。(22) に (11)、(12) を代入すると、次のように、資本ストックの動学方程式が導出される。

$$n_t k_{t+1} = (1-\alpha-\beta)(1-\tau-\varepsilon)w_t - \frac{(\alpha+\beta)P_{t+1}}{1+r_{t+1}} \qquad (23)$$

　さて、ここでは確定拠出年金、すなわち、保険料率を固定させて、給付が、政府の予算制約式に応じて決まる年金制度である。この時、保険料率と給付の関係については、次の式のように示される。

$$N_t P_{t+1} = \varepsilon N_{t+1} w_{t+1} \rightarrow P_{t+1} = \varepsilon n_t w_{t+1} \qquad (24)$$

　N_t は t 期には若年世代の人口サイズであるが、$t+1$ 期には老年世代の人口サイズであることに注意する。(20)、(21)、(24) を (23) に代入すると、次の式を得ることができる。

$$\frac{n_t k_{t+1}}{w_t} = \frac{(1-\alpha-\beta)(1-\tau-\varepsilon)}{1 + \dfrac{\varepsilon(\alpha+\beta)(1-\theta)}{\theta}} \qquad (25)$$

　そして、(17) の $\dfrac{P_{t+1}}{w_t(1+r_{t+1})}$ の部分は、$\dfrac{\varepsilon(1-\theta)n_t k_{t+1}}{\theta w_t}$ と変形できるので、(17) と (25) より、子ども数は最終的に、次のように示すことができる。

$$n = \frac{\alpha(1-\tau-\varepsilon)\left(1+\dfrac{\varepsilon(1-\theta)(1-\alpha-\beta)}{\theta+\varepsilon(\alpha+\beta)(1-\theta)}\right)}{\overline{z}-\overline{q}} \tag{26}$$

$$\rightarrow n = \frac{\alpha\left((1-\varepsilon)+\dfrac{\varepsilon(1-\alpha-\beta)(1-\tau-\varepsilon)}{\theta+\varepsilon(\alpha+\beta)(1-\theta)}\right)}{\overline{z}-(1-\alpha)\overline{q}}$$

（25）と（26）より、資本ストックの動学方程式は最終的に、次のように示されることが分かる。

$$k_{t+1} = \frac{(1-\alpha-\beta)(1-\theta)(1-\tau-\varepsilon)}{n\left(1+\dfrac{\varepsilon(\alpha+\beta)(1-\theta)}{\theta}\right)}k_t^{\theta} \tag{27}$$

以上より、資本ストックは時間を通じて定常状態の資本ストック k に収束するが、子ども数は資本ストックの水準に関係なく、時間を通じて一定である。育児支援の給付 $\overline{q}$ は子ども数 n を増加させることが分かる。そして、資本ストックについてであるが、定常状態の資本ストックは（27）に、$k_{t+1}=k_t=k$ を代入して、次のように示すことができる。

$$k = \left(\frac{(1-\alpha-\beta)(1-\theta)(1-\tau-\varepsilon)}{n\left(1+\dfrac{\varepsilon(\alpha+\beta)(1-\theta)}{\theta}\right)}\right)^{\frac{1}{1-\theta}} \tag{28}$$

育児支援の給付 $\overline{q}$ は資本ストック k を減少させることが分かる。育児支援の給付の効果は年金が入っているかどうか、この確定拠出年金の仕組みで考えた場合、年金がないモデルと本質的に結果は変わらない。では、年金保険料率 ε の引き上げはどのような効果をもたらすだろうか。まず、（28）より年金保険料率 ε の引き上げは資本ストックを減少させる。これは、年金給付が増えることによって、個人で貯蓄をする必要がその分なくなり、投資が減ることを通じて資本ストックが減少するからである。したがって、資本ストックの減少による、将来の年金保険料の収入が減ること

から、均衡予算で運営して保険料率を固定している限り、年金給付が減る効果が（26）の子ども数には入るために、年金保険料率の引き上げは直接的には可処分所得を引き上げ得るが、2 つの相反する生涯所得への影響があるため、子ども数への影響は不明である。

3　確定給付年金と出生率

本節では、年金給付の仕組みを確定給付とした場合の子ども数を求める。ここでは簡単化のため、Oshio and Yasuoka（2009）を小国開放経済で考えてモデルを展開してみよう。なお、これらの論文では、閉鎖経済で分析されているが、本質的な結果は変わらない。

年金の給付水準について、賃金に対して δ の割合だけの給付を行い、その水準を固定する。一方で、年金保険料率は ε である。よって、確定給付年金の場合、保険料と給付の間には、次の関係がある。

$$N_t \varepsilon w = N_{t-1} P_t \rightarrow N_t \varepsilon w = N_{t-1} \delta w \rightarrow \varepsilon = \frac{\delta}{n_{t-1}} \tag{29}$$

ただし、$n_{t-1} = \dfrac{N_t}{N_{t-1}}$ に注意する。（29）を（17）に代入すると、次のように子ども数を得ることができる。

$$n_t = \frac{\alpha\left(\left(1 - \dfrac{\delta}{n_{t-1}}\right) + \dfrac{\delta}{1+r}\right)}{\overline{z} - (1-\alpha)\overline{q}} \tag{30}$$

（30）から分かるように確定給付年金の場合、子ども数の動学が発生することが分かる。これは、年金保険料が若年世代の人口サイズの大きさに依存するからである。もし、若年世代の人口サイズが大きい場合、すなわち、n_{t-1} が大きい場合、若年世代 1 人当たりの保険料負担は小さいので、可処分所得への負の影響は小さく、子ども数 n_t は大きくなる。

この（30）が、$n_t = n_{t-1} = n$ となる定常状態の子ども数 n を持つ場合、図 5.4

106

を描くことができる。

　図5.4が示すように、一般的に、定常状態を持つ時は2つの定常状態の子ども数を得ることができる[1]。しかし、定常状態均衡AとBの2つのうち、Aは安定的な定常状態均衡であるが、Bは不安定な定常状態均衡である。したがって、もしBの子ども数よりも小さい場合、時間を通じて、子ども数は減り続けることとなる。しかし、一方で、Bの子ども数よりも大きい場合は、時間を通じてAの子ども数に収束する。この結果は直感的である。子ども数が少ない場合、若年世代1人当たりの年金保険料の負担は大きく、そのために子育てのために十分な支出ができず、子ども数が

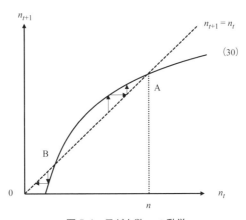

図5.4　子ども数 n_t の動学

1　定常状態の子ども数は（30）と、$n_t = n_{t-1} = n$ より二次方程式

$$\left(\bar{z} - (1-\alpha)\bar{q}\right)n^2 - \alpha\left(1 + \frac{\delta}{1+r}\right)n + \alpha\delta = 0$$ を解いて、

$$n = \frac{\alpha\left(1 + \dfrac{\delta}{1+r}\right) \pm \sqrt{\alpha^2\left(1 + \dfrac{\delta}{1+r}\right)^2 - 4\alpha\delta\left(\bar{z} - (1-\alpha)\bar{q}\right)}}{2\left(\bar{z} - (1-\alpha)\bar{q}\right)}$$ を得ることができる。

この時、安定的な定常状態の子ども数は、平方根の前の符号が＋である。また、定常状態を持つための条件は、この二次方程式が実数解を持てば良いので、

$$\alpha^2\left(1 + \frac{\delta}{1+r}\right)^2 - 4\alpha\delta\left(\bar{z} - (1-\alpha)\bar{q}\right) > 0$$ となる。

少なくなってしまうのである。そうなると、さらに、次の期には年金保険料が上がって、家計の可処分所得は減ってしまい、子育てのための十分な支出がさらにできなくなってしまう。

　実際、このような負のスパイラルは考えられ得る。日本の社会保障給付

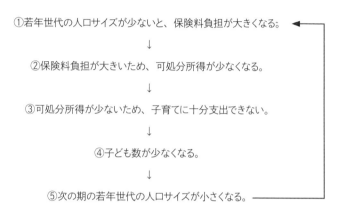

①若年世代の人口サイズが少ないと、保険料負担が大きくなる。

↓

②保険料負担が大きいため、可処分所得が少なくなる。

↓

③可処分所得が少ないため、子育てに十分支出できない。

↓

④子ども数が少なくなる。

↓

⑤次の期の若年世代の人口サイズが小さくなる。

図 5.5　少子化と保険料増加の負のスパイラル

はなかなか給付の削減には切込みにくく、負担の増加で対応している部分が多い。これは現役世代に大きな負担となり、現役世代の可処分所得を減らすため、子育てへの支出を減らさざるを得ないのを通じて、子ども数は減り、少子化がさらに進むことが考えられるのである。

　定常状態が存在しない場合、それは $\bar{z}$ がかなり高く、子ども数を十分に増やすことができない時と考えられるが、その場合の動学は、図 5.6 で示される。この場合、時間を通じて、子ども数は必ず減り続けることとなる。それを止めるための方法としては、確定給付年金を止めることで、若年世代の保険料負担をなくすことが 1 つであるが、もう 1 つの方法としては、育児支援給付 $\bar{q}$ の水準を増やすことである。そうすれば、任意の n_{t-1} に対して、子ども数 n_t を引き上げることが可能であり（図 5.7 参照）、定常状態の子ども数が存在することとなり、出生率の持続的減少に歯止めをかけることが可能となる。

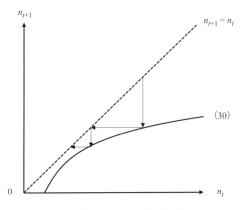

図 5.6　子ども数 n_t の動学（定常状態がない場合）

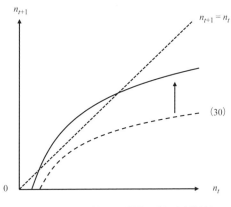

図 5.7　子ども数 n_t の動学と育児支援給付

4　年金を考慮した子どもへの教育投資

　Yasuoka and Miyake（2014）では出生率内生化モデルに教育投資を加え
た、いわゆる子どもの数と質のモデルで賦課方式年金の考察を行った。教
育投資が人的資本に影響を与える場合、人的資本の成長を通じて労働生産
性を引き上げ、労働所得が増える効果が加わる。これは所得の成長とな

り、賦課方式の年金収益率には、出生率だけでなく、所得の成長率も加わることとなる。では、小国開放経済で考えた安岡 (2008)、Yasuoka and Miyake (2014) をもとにモデル設定を行ってみよう。

まず、家計における個人は 2 期間生存し、若年期と老年期の 2 期間生存する。若年期においては、非弾力的に 1 単位の労働を供給して労働所得を得る。この時、労働所得は wh_t で与えられる。ただし、w は人的資本当たりの賃金率、h_t は人的資本の水準である。そして、得られた労働所得は、育児支援給付のための税と、年金給付のための保険料が控除される。それぞれ税率を τ、保険料率を γ とする。そして、子ども数を 1 人増やすための費用、これを育児費用と呼ぶが、z_t とし、育児支援給付を q_t とする。子ども数は n_t である。そして、子ども 1 人当たりの教育投資を e_t とする。若年期に、子育てと消費 $c_{y,t}$、老年期の消費 $c_{o,t+1}$ のための貯蓄 s_t を行う場合、若年期の予算制約式は、次のようになる。

$$\left(z_t - q_t\right)n_t + e_t n_t + c_{y,t} + s_t = \left(1 - \tau - \gamma\right)wh_t \tag{31}$$

次に、老年期についてであるが、貯蓄の元本と利子、年金の給付を消費に充てる。貯蓄の利子率は r、年金の給付額を P_{t+1} とすると、老年期の予算制約式は、次のようになる。

$$\left(1 + r\right)s_t + P_{t+1} = c_{o,t+1} \tag{32}$$

(31) と (32) より、生涯の予算制約式は、次のように示すことができる。

$$\left(z_t - q_t\right)n_t + e_t n_t + c_{y,t} + \frac{c_{o,t+1}}{1+r} = \left(1 - \tau - \gamma\right)wh_t + \frac{P_{t+1}}{1+r} \tag{33}$$

De la Croix and Doepke (2003) に倣い、次の効用関数を仮定する。

$$u_t = \alpha \ln n_t h_{t+1} + \beta \ln c_{y,t} + \left(1 - \alpha - \beta\right)\ln c_{o,t+1} \tag{34}$$

ここで h_{t+1} は子どもの人的資本であるが、子ども数だけでなく、子どもへの教育投資の結果である子どもの人的資本の水準も効用に影響を与えるものとなっている。子どもの人的資本 h_{t+1} は子どもへの教育投資 e_t と親の

110

人的資本 h_t によって決まると考え、次の人的資本関数を仮定する。

$$h_{t+1} = e_t^\varepsilon h_t^{1-\varepsilon}, 0 < \varepsilon < 1 \tag{35}$$

（33）と（35）の制約の下で効用関数（34）を最大化する配分を求める。ラグランジュ関数は、次のように設定することができる[2]。

$$L = \alpha \ln n_t + \alpha\varepsilon \ln e_t + \alpha(1-\varepsilon)\ln h_t + \beta \ln c_{y,t} + (1-\alpha-\beta)\ln c_{o,t+1}$$
$$+ \lambda\left((1-\tau-\varepsilon)wh_t + \frac{P_{t+1}}{1+r} - c_{y,t} - (z_t - q_t)n_t - \frac{c_{o,t+1}}{1+r} - e_t n_t\right) \tag{36}$$

最適解の必要条件は、次の通りである。

$$\frac{\partial L}{\partial n_t} = \frac{\alpha}{n_t} - \lambda(z_t - q_t + e_t) = 0 \rightarrow \frac{\alpha}{\lambda} = (z_t - q_t)n_t + e_t n_t \tag{37}$$

$$\frac{\partial L}{\partial e_t} = \frac{\alpha\varepsilon}{e_t} - \lambda n_t = 0 \rightarrow \frac{\alpha\varepsilon}{\lambda} = e_t n_t \tag{38}$$

$$\frac{\partial L}{\partial c_{y,t}} = \frac{\beta}{c_{y,t}} - \lambda = 0 \rightarrow \frac{\beta}{\lambda} = c_{y,t} \tag{39}$$

$$\frac{\partial L}{\partial c_{o,t+1}} = \frac{1-\alpha-\beta}{c_{o,t+1}} - \frac{\lambda}{1+r_{t+1}} = 0 \rightarrow \frac{1-\alpha-\beta}{\lambda} = \frac{c_{o,t+1}}{1+r} \tag{40}$$

（37）、（39）、（40）を（33）に代入すると、次の式が得られる。

$$\frac{1}{\lambda} = (1-\tau-\varepsilon)wh_t + \frac{P_{t+1}}{1+r} \tag{41}$$

（37）と（38）より、子どもへの教育投資は、次のように示される。

$$e_t = \frac{\varepsilon(z_t - q_t)}{1-\varepsilon} \tag{42}$$

ここで、育児コスト z_t と育児支援給付 q_t は賃金比例的な形として、次のように示すことができる。

$$z_t = \bar{z}w_t, 0 < \bar{z} \tag{43}$$

2　対数の性質として $\alpha \ln h_{t+1} = \alpha \ln e_t^\varepsilon h_t^{1-\varepsilon} = \alpha \ln e_t^\varepsilon + \alpha \ln h_t^{1-\varepsilon} = \alpha\varepsilon \ln e_t + \alpha(1-\varepsilon)\ln h_t$ が成立することに注意。

$$q_t = \overline{q}w_t h_t, 0 < \overline{q} \qquad (44)$$

また、年金給付が確定拠出で行われるとすると、保険料率と年金給付の関係は、次の通りとなる。

$$N_{t+1}\gamma w h_{t+1} = N_t P_{t+1} \rightarrow P_{t+1} = n_t \gamma w h_{t+1} \qquad (45)$$

(37) に (38)、(41)、(43)、(44)、(45) をそれぞれ代入すると子ども数は、次のように与えられる。

$$n = \frac{\alpha(1-\varepsilon)\left((1-\tau-\gamma)+\dfrac{\gamma n(1+g)}{1+r}\right)}{\overline{z}-\overline{q}} \qquad (46)$$

ただし、$1+g=\dfrac{h_{t+1}}{h_t}$ であり、人的資本の成長率である。また、育児支援給付の予算制約式は、

$$\tau N_t w h_t = q_t N_t n_t \rightarrow \tau = \overline{q}n \qquad (47)$$

これを (46) に代入すると、次の式が得られる。

$$n = \frac{\alpha(1-\varepsilon)\left((1-\gamma)+\dfrac{\gamma n(1+g)}{1+r}\right)}{\overline{z}-(1-\alpha(1-\varepsilon))\overline{q}} \qquad (48)$$

ただし、

$$1+g=\frac{h_{t+1}}{h_t}=\left(\frac{e_t}{h_t}\right)^\varepsilon=\left(\frac{\varepsilon w(\overline{z}-\overline{q})}{1-\varepsilon}\right)^\varepsilon \qquad (49)$$

である。したがって、年金給付を考慮する場合は、所得の成長率が育児支援給付によって低下してしまうため、年金の収益率が減ることを通じて、個人の生涯における可処分所得の減少効果が生まれ、子ども数を減らす効果が存在することが分かる。(47) と (48) を $\overline{q}$=0 で全微分することにより、次の式を得ることができる。

$$\frac{dn}{dq} = \frac{n\left(1-\alpha-\dfrac{\alpha\gamma\varepsilon(1-\varepsilon)(1+g)}{(1+r)\overline{z}}\right)}{\overline{z}-\dfrac{\alpha\gamma(1-\varepsilon)(1+g)}{1+r}} \tag{50}$$

　分子の$1-\alpha$は、育児支援給付による直接的な子ども数の引き上げを示している。しかし、確定拠出年金の仕組みがある場合、育児支援給付の存在は、子どもの数を増やす代わりに子どもへの教育投資を減らす代替が起きている。そのために、所得の成長率は減り、年金の給付が減ることによって家計の可処分所得が減り、その結果、子育てへの支出を減らすのである。したがって、確定拠出年金がある場合、育児支援政策の効果を弱めてしまうことになる。

　なお、この育児支援給付の子ども数に与える効果は、次のような図5.8と図5.9で示すこともできる。

　育児支援給付の引き上げにより、直接的に子ども数を増やす効果が育児支援給付の正の効果である。しかし、所得の成長率が下がり、それが子ども数を減らすという育児支援給付の負の効果のために、育児支援給付の引き上げの効果は弱められることとなる。

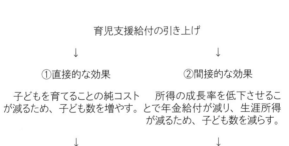

図 5.8　確定拠出年金における育児支援給付の効果のまとめ

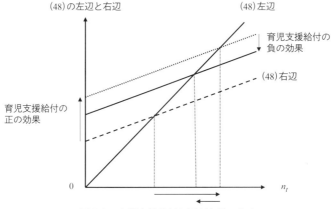

図 5.9　育児支援給付と子ども数の決定

5　確定給付年金と子どもへの教育投資

　この節では、年金給付を確定給付年金とした場合の家計における個人の子ども数と教育投資の決定について考察してみよう。まず、確定給付年金における保険料と年金給付の関係であるが、t 期に若年世代であった者は $t+1$ 期において、所得 wh_{t+1} の δ の割合の年金給付を受け取ることができるとする。この時、$P_{t+1} = \delta wh_{t+1}$ である。したがって、次の式が成立する。

$$N_{t+1}\gamma wh_{t+1} = N_t P_{t+1} \rightarrow \gamma = \frac{\delta}{n_{t-1}} \tag{51}$$

この時、（41）は次のように修正される。

$$\frac{1}{\lambda} = \left(1 - \tau - \frac{\delta}{n_{t-1}}\right)wh_t + \frac{\delta wh_{t+1}}{1+r} \tag{52}$$

　（46）または（48）を求めるのと同様の手続きで子ども数は、次のように導出することができる。

$$n_t = \frac{\alpha(1-\varepsilon)\left(\left(1-\dfrac{\delta}{n_{t-1}}\right)+\dfrac{\delta(1+g)}{1+r}\right)}{\overline{z}-(1-\alpha(1-\varepsilon))\overline{q}} \tag{53}$$

　3節と同様に、確定給付年金の場合は出生率の動学が発生することとなる。この理由は、老年世代に対する若年世代の相対的な人口サイズが若年世代の負担する年金保険料に影響を与え、それが可処分所得を変化させ、子ども数を変化させるためである。

　育児支援給付の引き上げの効果は確定拠出年金と同様である。(53) の分母には育児支援給付 $\overline{q}$ が含まれているので、任意の n_{t-1} に対し、子ども数 n_t を引き上げる効果があるものの、やはり、分子に所得の成長率 $1+g$ があるため、育児支援給付の子ども数を増やす効果は弱められる。これは確定拠出年金のケースと同様である。

　確定給付年金のケースで注意しなければならないのは、定常状態の存在であろう。図 5.10 は、確定給付年金における出生率の引き上げ効果を示したものである。破線の曲線は育児支援給付を行う前の子ども数の水準 (53) を示したものである。そして、育児支援給付の引き上げで所与の n_{t-1} に対して、n_t は上昇し、点線の曲線が示すように、定常状態を持つようになるというのが、教育投資を考慮しない場合の確定給付年金モデルでの分析であった。

　しかし、教育投資が入り、育児支援給付により所得の成長率が下がると、子ども数が減少する効果が加わるので、せっかく、育児支援給付の直接的効果で子ども数が増加し、定常状態が存在し、子ども数の減少が続く経路を止めることができるにもかかわらず、間接的効果による子ども数の減少で、定常状態が失われ、子ども数の減少が続く経路を止めることができないため、それを考慮した上で、育児支援給付の水準を決める必要があるだろう。

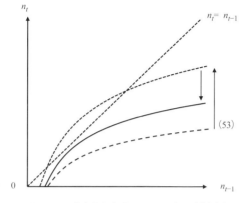

図 5.10　確定給付年金における育児支援給付

6　子どもを持つことのインセンティブを持たせる年金

　児童手当や教育補助政策により、出生率を引き上げたり、教育投資の水準を引き上げたりすることが可能である。しかし、その与え方について現物給付であろうと現金給付であろうと、子ども数または子どもへの教育投資の大きさに比例的に給付する限り、どのような与え方でも違いをもたらさない。では、若年期に育児支援給付として給付するのではなく、老年期に年金として給付する方法でも本質的には同じであろう。

　出生率と人的資本水準が高まれば、保険料が固定されている確定拠出年金では、年金給付をより多くもらうことができるだろう。個々人が選択する出生率と人的資本水準が高まれば、多くの年金給付となって返ってくる。言いかえれば、他の家計が子どもを多く育て、積極的な教育投資を行うことによって、自らが受け取る年金給付が増える。これは、外部性、特に正の外部性を年金は持っていると言えるだろう。正の外部性を持っている場合、政府としては、補助金を支出することで、社会厚生を高められる。その補助金の支出方法は、若年世代に対する直接的な育児支援給付だ

けでなく、老年世代への年金給付でも良いのである。

　実際、先行研究を見てみると、子どもをより多く持ったり、教育投資を行ったりすることで、自らがもらう年金給付を増やすことができる仕組みで、出生率及び子どもへの教育投資がどう決まるのかを分析した論文が存在し、Fenge and Meier（2005）、Meier and Wrede（2010）、Yasuoka（2018）が挙げられる。ここでは、Yasuoka（2018）をもとに簡略版モデルを提示し、子ども数及び教育投資のインセンティブを持たせる年金制度の分析を行う。

　なお、上述したように、育児支援給付として若年期に給付を受けたとしても、年金給付として老年期に給付を受けたとしても生涯所得に与える影響が変わらないのであれば、給付の時期は本質的には影響を与えないのである。しかしながら、それは借り入れ制約がない場合の話である。本章のモデルでは借り入れ制約のないものとなっている。すなわち、若年期において、収入より支出が大きい場合に借り入れをして、老年期に返済をすることができることになっている。

　したがって、老年期に年金給付で育児支援給付の代わりを行えるのは、借り入れ制約がない場合であり、もし、若年期に借り入れ制約に直面して、ある程度の育児のための支出しかできない場合、子ども数や子どもへの教育投資が増やせないことから、老年期に育児支援給付の効果を持つ年金を給付したとしても、それほど、効果はないと考えられる。

　以上、子どもへの給付をどの世代で行うかについて説明をしてきたが、本節では借り入れ制約のない Yasuoka（2018）の簡略版モデルで育児支援給付の効果を持つ年金制度の分析をしてみよう。

　さて、まずモデルの構造であるが、家計における個人は若年期と老年期の2期間生存する。そして、それぞれの期には若年世代と老年世代が併存している世代重複モデルで考える。

　まず、若年期の予算制約式であるが、次のような予算制約式を考える。

$$z_t n_t + e_t n_t + c_{y,t} + s_t = (1-\mu)wh_t \tag{54}$$

　ただし、w は人的資本当たりの賃金率、h_t は人的資本水準、z_t は子ども
1 人当たりの育児費用、n_t は子ども数、e_t は子ども 1 人当たりの教育投資、
$c_{y,t}$ は若年期の消費、s_t は貯蓄、μ は年金保険料率である。

　次に老年期についてであるが、貯蓄の元本と利子、年金の給付を消費に
充てる。貯蓄の利子率は r、老年期の消費は $c_{o,t+1}$、年金の給付額を $\mu n_t w h_{t+1}$
とすると、老年期の予算制約式は、次のようになる。

$$(1+r)s_t + \mu n_t w h_{t+1} = c_{o,t+1} \tag{55}$$

　なお、h_{t+1} は子どもへの教育投資によって、増える子どもの人的資本水
準である。ここで $\mu n_t w h_{t+1}$ の部分が、自ら選択した子ども数と教育投資が
反映される年金給付の箇所である。子ども数または子どもへの教育投資が
増えれば、その分、年金給付 $\mu n_t w h_{t+1}$ の増加となり、所得が増えることと
なる。この (54) と (55) より、生涯の予算制約式は、次のように示すこと
ができる。

$$z_t n_t + e_t n_t + c_{y,t} + \frac{c_{o,t+1}}{1+r} = (1-\mu)w h_t + \frac{\mu n_t w h_{t+1}}{1+r} \tag{56}$$

　効用関数は (34)、人的資本の蓄積方程式が (35) とすると、最適配分を
導出するためのラグランジュ関数は、次のように設定することができる。

$$L = \alpha \ln n_t + \alpha \varepsilon \ln e_t + \alpha(1-\varepsilon) \ln h_t + \beta \ln c_{y,t} + (1-\alpha-\beta) \ln c_{o,t+1}$$
$$+ \lambda \left((1-\mu)w h_t + \frac{\mu n_t w h_{t+1}}{1+r} - c_{y,t} - z_t n_t - \frac{c_{o,t+1}}{1+r} - e_t n_t \right) \tag{57}$$

最適解の必要条件は、次の通りである。

$$\frac{\partial L}{\partial n_t} = \frac{\alpha}{n_t} - \lambda \left(z_t + e_t - \frac{\mu w h_{t+1}}{1+r} \right) = 0 \rightarrow \frac{\alpha}{\lambda} = z_t n_t + e_t n_t - \frac{\mu n_t w h_{t+1}}{1+r} \tag{58}$$

$$\frac{\partial L}{\partial e_t} = \frac{\alpha \varepsilon}{e_t} - \lambda \left(n_t - \frac{\mu \varepsilon n_t w h_{t+1}}{1+r} \frac{1}{e_t} \right) = 0 \rightarrow \frac{\alpha \varepsilon}{\lambda} = e_t n_t - \frac{\mu \varepsilon n_t w h_{t+1}}{1+r} \tag{59}$$

$$\frac{\partial L}{\partial c_{y,t}} = \frac{\beta}{c_{y,t}} - \lambda = 0 \rightarrow \frac{\beta}{\lambda} = c_{y,t} \tag{60}$$

$$\frac{\partial L}{\partial c_{o,t+1}} = \frac{1-\alpha-\beta}{c_{o,t+1}} - \frac{\lambda}{1+r_{t+1}} = 0 \rightarrow \frac{1-\alpha-\beta}{\lambda} = \frac{c_{o,t+1}}{1+r} \tag{61}$$

（58）、（60）、（61）を（56）に代入すると、次の式が得られる。

$$\frac{1}{\lambda} = (1-\mu)wh_t \tag{62}$$

ここで、育児コスト z_t は（43）と同じ賃金比例的な形として定義する。この時、（58）、（59）から子どもへの教育投資は、次のように示すことができる。

$$e = \frac{\varepsilon \bar{z} w h_t}{1-\varepsilon} \tag{63}$$

（58）と（63）より、子ども数は、次のように示すことができる。

$$n = \frac{\alpha(1-\mu)}{\dfrac{\bar{z}}{1-\varepsilon} - \dfrac{\mu(1+g)}{1+r}} \tag{64}$$

ただし、

$$1+g = \left(\frac{\varepsilon \bar{z} h_t}{1-\varepsilon}\right)^{\varepsilon} \tag{65}$$

である。したがって、ここから分かるのは、年金給付に子ども数及び教育投資を増やすインセンティブをつけた場合、子ども数は増えることが分かる。

　しかし一方で、教育投資の方は、影響を受けないことが分かる。これは、子ども数が増える効果に吸収されたと考えられる。子ども数が増えることで家計が子ども全体にかける教育投資も増える。そのために、追加で、家計は教育投資を増やすことを選択しないと考えられる。

参考文献

Borgmann C.（2005）'Social security, demographics, and risk,' Springer-Verlag Berlin Heidelberg.

De la Croix D. and Doepke M.（2003）"Inequality and growth: Why differential fertility matters," *American Economic Review*, vol. 93（4）, pp. 1091–1113.

Fenge R. and Meier V.（2005）"Pensions and fertility incentives," *Canadian Journal of Economics*, vol. 38（1）, pp. 28–48.

Meier V. and Wrede M.（2010）"Pensions, fertility, and education," *Journal of Pension Economics and Finance*, vol. 9（01）, pp. 75–93.

Oshio T. and Yasuoka M.（2009）"Maximum size of social security in a model of endogenous fertility," *Economics Bulletin*, vol. 29（2）, pp. 656–666.

Nishimura K. and Zhang J.（1992）"Pay-as-you-go public pensions with endogenous fertility," *Journal of Public Economics*, vol. 48（2）, pp. 239–258.

van Groezen B., Leers T. and Meijdam L.（2003）"Social security and endogenous fertility: pensions and child allowances as Siamese twins," *Journal of Public Economics*, vol. 87（2）, pp. 233–251.

Yasuoka M. and Miyake A.（2014）"Fertility rate and child care policies in a pension system," *Economic Analysis and Policy*, vol. 44（1）, pp. 122–127.

Yasuoka M. and Oshio T.（2008）"The optimal and acceptable sizes of social security under uncertainty," *Japanese Journal of Social Security Policy*, vol. 7（1）, pp. 25–30.

Yasuoka M.（2018）"Fertility and education investment incentive with a pay-as-you-go pension," *Eurasian Economic Review*, vol. 8（1）, pp. 37–50.

安岡匡也（2006）「出生率と課税政策の関係」『季刊社会保障研究』第 42 巻第 1 号, pp. 80–90.

安岡匡也（2008）「育児支援政策の有効性に関する考察」『応用経済学研究』第 1 巻, pp. 41–60.

データ参照

厚生労働省「平成 29 年度年金制度のポイント」

https://www.mhlw.go.jp/topics/bukyoku/nenkin/nenkin/pdf/seido-h29-point.pdf（2021 年 4 月 8 日参照）

第6章

出生率内生化モデルの応用

1　はじめに

　最後の章は、出生率内生化モデルを用いて、地域間移動と公債残高について考察する。Ishida, Oguro and Yasuoka (2018) では、2つの地域を考え、個人は効用最大化の観点から、どちらの地域に住むのかを決めるモデルを設定し、2つの地域間の人口サイズがどう決まるのかを明らかにした。このモデルには出生率内生化モデルを考慮して、それぞれの地域が子育て政策を行うが、相手の地域がどのような政策を行うかを考慮して、自らの地域の政策を決めることで、2つの地域の子育て政策の規模がどう決まるのかを明らかにしている。自治体ごとに育児支援政策の程度は異なる。例えば、子どもの医療費の自己負担の無料化または軽減の政策が行われているが、それは自治体独自のものであろう。このように、より子育て政策が積極的なところに移り住みたいと考えるだろう。ここでは一方が、子育て政策を、他方が、所得補助政策を行うような2つの自治体を考え、2つの地域間の人口サイズがどのように決まるのかを考察したい。

　続いて後半では、公債残高に関する考察を行う。先進諸国では、公債残高対 GDP（国内総生産）比の水準は上昇傾向にあり、特に日本は極端にその水準が高い。公債残高対 GDP 比を下げるための政策は様々考えられる。具体的には、次の通りであろう。

122

①歳出を削減する

②増税して歳入を増やす

③ GDP を増やす

　この 3 つが考えられるだろう。①と②は直感的にも把握できる政策だろ
う。Ono（2003）でも、年金などの社会保障給付といった歳出の削減で公
債残高を減らすことができることを示している。しかしながら、歳出の削
減と増税は国民が嫌うものであり、なかなかそのように政策を行うことは
難しい。③の GDP を増やすという政策は、①や②に比べると直接の痛み
を国民が受けるわけではないので、受け入れられやすいだろう。

　では、この GDP を増やす政策としてどのようなものがあるだろうか。
財・サービスの生産能力を増やす政策だろう。この政策としては、生産要
素としての資本ストックを増やすために、海外からの積極的な投資を受け
入れることや投資に対する補助金、資本所得に対する減税などが挙げられ
るだろう。そして、生産要素としては労働人口もあり、労働人口を増やす
ことで、財・サービスの生産能力を増やし、長期的に GDP を増やすこと

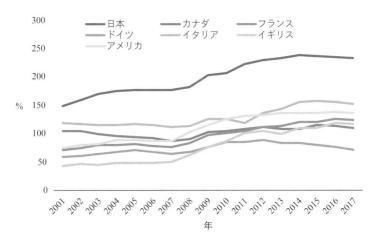

図 6.1　先進諸国の公債残高対 GDP 比
（出所：OECD Statistics より著者作成）

が可能である。また、1 人当たり公債残高も財政の指標として考えられることもあり、この観点からも人口増加は望ましいものとして受け入れられるだろう。しかし、単に人口を増やすだけであれば、労働の限界生産性が減少して、賃金水準が落ち込んでしまう。また 1 人当たり GDP も低下してしまう。したがって、資本蓄積も同時に増やすような政策が望ましいだろう。

出生率内生化モデルで育児支援政策が人口増加を通じて、公債残高や資本ストック水準にどのような影響を与えるのかを分析した研究としては、数値計算分析を行った Hayashida and Yasuoka（2012）や内生成長の枠組みで分析した Yasuoka and Miyake（2013）などが挙げられる。これらは、公債発行による人口を増やすための給付は、公債残高対 GDP 比を引き上げることを示している。したがって育児支援給付は公債発行で賄うことで、公債残高対 GDP 比は減らせず、このことは公債残高対 GDP 比を減らすための政策として子ども数を増やすならば、増税で育児支援給付を行う必要があることを示している。

2 地域選択モデル

ある 2 つの地域が存在している。1 つの地域では育児支援の給付を行っており、もう 1 つの地域では所得補助の給付を行っている。個人は、自らの効用が最も大きくなるように地域を選択する。

個人の効用関数として、次の対数効用関数を仮定する。

$$u = \alpha \ln n + (1 - \alpha) \ln c, \, 0 < \alpha < 1 \qquad (1)$$

ただし、n は子ども数、c は消費である。子どもを 1 人持つために必要なコストを z とし、また、現在持っている所得を I としよう。育児支援給付を行う地域を A とし、所得補助を行う地域を B としよう。地域 A では、

子ども 1 人当たり q の給付が行われる。また、地域 B では s の分の給付が行われる。地域 A に住む場合と地域 B に住む場合のそれぞれの予算制約式は、次のように示すことができる。

$$(z-q)n+c = I, \tag{2}$$

$$zn+c = I + s \tag{3}$$

地域 A を選択した場合の子ども数と消費は、それぞれ次のように示される。

$$n = \frac{\alpha I}{z-q}, \tag{4}$$

$$c = (1-\alpha)I \tag{5}$$

地域 B を選択した場合の子ども数と消費は、それぞれ次のように示される。

$$n = \frac{\alpha(I+s)}{z} \tag{6}$$

$$c = (1-\alpha)(I+s) \tag{7}$$

（1）と（4）、（5）より、得られる地域 A の場合の間接効用関数 v^A と（1）と（6）、（7）より、得られる地域 B の場合の間接効用関数 v^B は、それぞれ次のように示すことができる。

$$v^A = \alpha \ln \frac{\alpha I}{z-q} + (1-\alpha)\ln(1-\alpha)I \tag{8}$$

$$v^B = \alpha \ln \frac{\alpha(I+s)}{z} + (1-\alpha)\ln(1-\alpha)(I+s) \tag{9}$$

$v^A > v^B$ であれば地域 A に、$v^A < v^B$ であれば地域 B に住むことを選択する。なお、ここで、選好パラメータ α は個人間で $[0, \bar{\alpha}]$ の範囲で一様分布しているものと仮定する。そして、両地域のどちらに住んでも効用水準が同じとなる個人が持つ α を α^* とすると、次のように示すことができる。

$$\alpha^* = \frac{\ln(I+s) - \ln I}{\ln z - \ln(z-q)} \tag{10}$$

したがって、α^* よりも小さい α を持つ個人は地域 B を選択し、大きい α を持つ個人は地域 A を選択し、それぞれの地域の住民サイズは地域 A

で $\frac{\bar{\alpha}-\alpha^*}{\bar{\alpha}}$、地域 B で $\frac{\alpha^*}{\bar{\alpha}}$ となる。もし、育児支援給付 q が上がると α^* は下がるため、より多くの個人が地域Aに住むことを選択することとなる。このモデルは非常に単純なモデルで、政策のための税負担は考えていない。ここでは政策のための財源は中央政府から与えられたもので、それをどう使うかは地域の裁量に任されているというものである。

この政策については、地方政府にとっての最適政策について考えることもできるだろう。もし、地方政府にとってできるだけ多くの住民を集めることを目的とするならば、政策を行うことで住民を集められる効果がある一方で、地方政府が税負担をするならば税負担があるために、住民が流出するという効果もあり、両者の効果が考慮された上で政策の規模が決定されるだろう。

いずれにしても、このようにして、自治体間の政策の違いが自治体間の人口移動に影響を与えるモデルを作ることができるのである。

3　公債残高と小国開放経済

これまでの分析では、すべて政策においては均衡財政を仮定してきた。ある期における必要な育児支援政策の費用を、すべてその期における税収で賄うということを前提としてきたが、実際は、公債を発行して借金で政策の費用を賄っていることもあろう。では、均衡財政による政策ではなく公債発行を考慮した場合、政策がどのような影響を社会に与えるだろうか。本章では、利子率と賃金率を固定させた小国開放経済で考察したい。

まず、家計についてであるが、家計における個人は若年期と老年期の2期間生存する。若年期には労働をして賃金を得る。それを子育ての支出、若年期の消費、そして老年期の消費のための貯蓄に配分する。また、賃金所得の一定割合が税金として徴収される場合、この個人の生涯の予算制約

126

式は、次のように示される。

$$(z-q)n_t + c_{y,t} + \frac{c_{o,t+1}}{1+r} = (1-\tau)w \tag{11}$$

ただし、z は子ども 1 人育てるための費用、q は子ども 1 人につき与えられる給付（児童手当）、n_t は子ども数、$c_{y,t}$ は若年期の消費、$c_{o,t+1}$ は老年期の消費、w は賃金、$1+r$ は利子率、τ は税率である。そして、個人の効用関数は、次の対数効用関数を仮定する。

$$u = \alpha \ln n_t + \beta \ln c_{y,t} + (1-\alpha-\beta)\ln c_{o,t+1}, 0<\alpha<1, 0<\beta<1, \alpha+\beta<1 \tag{12}$$

予算制約式（11）の下で効用関数（12）を最大化する配分は次のように示される。

$$n_t = \frac{\alpha(1-\tau)w}{z-q}, \tag{13}$$

$$c_{y,t} = \beta(1-\tau)w, \tag{14}$$

$$c_{o,t+1} = (1+r)(1-\alpha-\beta)(1-\tau)w \tag{15}$$

なお、育児コスト z と育児支援給付 q を賃金比例的なものとして、$z=\bar{z}w$、$q=\bar{q}w$ と考えると、子ども数（13）は次のように示すことができる[1]。

$$n = \frac{\alpha(1-\tau)}{\bar{z}-\bar{q}} \tag{16}$$

次に政府の予算制約式について考える。政府の予算制約式は次のように示すことができる。

$$B_{t+1} = (1+r)B_t + G_t + N_t\bar{q}wn - N_t\tau w \tag{17}$$

ただし、B_t は t 期における公債残高、G_t は非生産的な政府支出、N_t は t

---

[1]　時間に依存しないので、時間の添え字を省略している。

期における若年世代の人口サイズである。$(1+r)B_t + G_t + N_t\bar{q}wn$ が支出総額で、$N_t\tau w$ が収入総額であり、それらの差の分だけ、次の $t+1$ 期の公債残高となる。(17) を 1 人当たりの公債残高として、$b_t = \dfrac{B_t}{N_t}$ を定義すると、次のように示すことができる。

$$b_{t+1} = \frac{1+r}{n}b_t + \frac{\varepsilon - \tau}{n}w + \bar{q}w \tag{18}$$

ただし、$\dfrac{N_{t+1}}{N_t} = n$ であり、1 人当たりの非生産的な政府支出を $\dfrac{G_t}{N_t} = \varepsilon w$ と仮定している。また、非生産的な政府支出とは、効用にも生産にも直接影響を与えない政府支出である。

　ここで、2 つのケースを考える。なお以下、考えるに当たって、プライマリーバランスが赤字の場合を考える。すなわち、$\dfrac{\varepsilon - \tau}{n}w + \bar{q}w > 0$ となる場合である。

　まず $1+r<n$ のケースである。この時、図 6.2 を描くことができる。この場合、1 人当たり公債残高は定常状態の公債残高を持ち、収束することになる。注意しなければならないことは、全体の公債残高は、子ども数に当たる人口成長率の分だけ増えているのである。しかし、人口も増えているため、1 人当たり公債残高が変化しない定常状態を得ることができるのである。

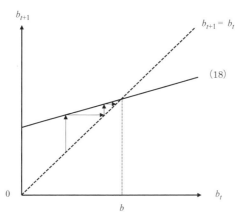

図 6.2　1 人当たり公債残高の動学（定常状態を持つケース）

次に、$1+r>n$ のケースである。この時、次の図を描くことができる。

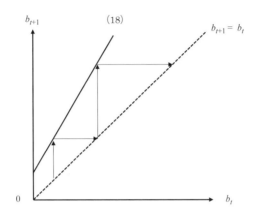

図6.3　１人当たり公債残高の動学（定常状態を持たないケース）

　この場合、１人当たりの公債残高は発散することとなる。現在の日本においても１人当たりの公債残高は増え続けており、また、人口成長率はほぼゼロである一方、利子率は低い水準とは言え、正の値なので、図6.3はちょうど日本のケースであると説明できる。１人当たり公債残高 b_t の発散を止めるためには、$1+r<n$ の状況を作れば良い。そのためには（16）で示しているように、育児支援給付 $\bar{q}$ を増やせば良いこととなる。

　では、図6.2のように定常状態を持つ時に、育児支援給付の増加は定常状態の１人当たり公債残高にどのような影響を与えるのだろうか。

　人口成長率の増加は、１人当たり公債残高を直接減らす効果がある一方で、政府の支出が増えてしまうので、１人当たり公債残高を増やす効果もある。

　（16）と（18）より、定常状態の１人当たり公債残高 b は、次の式を満たすように決められる。

$$b=\frac{(1+r)(\bar{z}-\bar{q})}{\alpha(1-\tau)}b+\frac{(\varepsilon-\tau)(\bar{z}-\bar{q})}{\alpha(1-\tau)}w+\bar{q}w \tag{19}$$

$\bar{q}$=0 で b と $\bar{q}$ について全微分すると、次の式を得ることができる。

$$\frac{db}{d\bar{q}} = \frac{w - \dfrac{(1+r)b}{\alpha(1-\tau)} - \dfrac{\varepsilon-\tau}{\alpha(1-\tau)}w}{1 - \dfrac{1+r}{n}} \tag{20}$$

　安定的な定常状態が存在する場合、分母は正である。分子の第 1 項目は政策により 1 人当たり公債残高が増える効果、第 2 項目と第 3 項目は人口成長率が高くなることによる 1 人当たり公債残高が減る効果である。公債残高が大きい場合は $w - \dfrac{(1+r)b}{\alpha(1-\tau)} - \dfrac{\varepsilon-\tau}{\alpha(1-\tau)}w < 0$ 、すなわち、

$$b > \frac{w\big(\alpha(1-\tau)-(\varepsilon-\tau)\big)}{1+r} \tag{21}$$

を満たすほど大きい場合は、$\dfrac{db}{d\bar{q}} < 0$ を得ることができ、育児支援給付で定常状態の 1 人当たり公債残高を小さくすることができるのである。

　以上が小国開放経済における分析である。しかし、小国開放経済の分析は単純明快であるが、重要な要素を落としている。それは資本ストックのクラウディングアウト効果である。公債発行のために、資本ストックへの投資が阻害されてしまうのである。この時、資本ストックが低下すれば労働の限界生産性を通じて、賃金率は低下し、さらに、利子率は上昇するので、政府の利払い費はより多くなり、賃金率が低下すれば税収は低下することとなる。したがって、このクラウディングアウト効果を考慮することは大切だろう。次の節で資本蓄積を考慮したモデルで検討したい。

4　公債残高と閉鎖経済

　個人の効用関数と生涯の予算制約式は前節と同じであるが、賃金率と利子率は、企業の利潤最大化行動より、下記の資本ストックの関数で示される。

$$w_t = (1-\theta)k_t^{\theta} \tag{22}$$

$$1 + r_t = \theta k_t^{\theta-1} \tag{23}$$

この場合でも、子ども数は小国開放経済のケースとは異ならず、次のように示される（(16) 再掲）。

$$n = \frac{\alpha(1-\tau)}{\bar{z} - \bar{q}} \tag{16}$$

資本市場の均衡式は $B_{t+1} + K_{t+1} = N_t s_t$ で与えられる。ただし、s_t は個人の貯蓄であり、

$$s_t = (1-\tau)w_t - (\bar{z} - \bar{q})w_t n - c_{y,t} = (1-\alpha-\beta)(1-\tau)w_t \tag{24}$$

と示される。そして、$b_{t+1} + k_{t+1} = \frac{s_t}{n}$ より、資本市場の均衡式から資本の動学方程式を、次のように導出することができる。

$$b_{t+1} + k_{t+1} = \frac{(1-\alpha-\beta)(1-\tau)(1-\theta)k_t^{\theta}}{n} \tag{25}$$

次に、閉鎖経済における政府の予算制約式は（18）より、次のように示すことができる。

$$b_{t+1} = \frac{1+r_t}{n}b_t + \frac{\varepsilon - \tau}{n}w_t + \bar{q}w_t \tag{26}$$

ここで、$\Delta b_t = b_{t+1} - b_t$ を定義すると（26）は、次のように変形できる。

$$\Delta b_t = \left(\frac{1+r_t}{n} - 1\right)b_t + \frac{\varepsilon - \tau}{n}w_t + \bar{q}w_t \tag{27}$$

$\Delta b_t = 0$ とすると、（27）は（22）と（23）を用いて、次のように示すことができる。

$$b_t = \frac{(\varepsilon - \tau + \bar{q}n)(1-\theta)k_t^{\theta}}{n - \theta k_t^{\theta-1}} = \frac{(\varepsilon - \tau + \bar{q}n)(1-\theta)}{\dfrac{n}{k_t^{\theta}} - \dfrac{\theta}{k_t}} \tag{28}$$

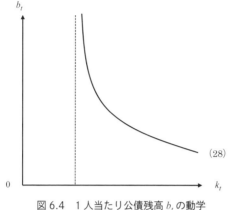

図 6.4　1 人当たり公債残高 b_t の動学

したがって、図 6.4 を描くことができる[2]。なお、図 6.4 の点線は $n=1+r_t$ を示した漸近線である。なお、以下の議論では $n>1+r_t$ が成立しているケースを考察する。

$\Delta b_t > 0$ となる状態はどのような時か、それは（27）において $\left(\dfrac{1+r_t}{n}-1\right)b_t+\dfrac{\varepsilon-\tau}{n}w_t+\bar{q}w_t > 0$ より、次のように示される。

$$b_t < \frac{(\varepsilon-\tau+\bar{q}n)(1-\theta)}{\dfrac{n}{k_t^\theta}-\dfrac{\theta}{k_t}} \tag{29}$$

すなわち、（28）で与えられた曲線の下の領域では所与の k_t に対して、b_t は増えることとなる。一方、曲線の上の領域では、b_t は減ることとなる。この変化の矢印をつけると図6.5のように示すことができるのである。

次は資本ストックの k_t の動学を確認しよう。（25）と（26）より、次の式を得ることができる。

$$k_{t+1}=\frac{(1-\alpha-\beta)(1-\tau)(1-\theta)k_t^\theta}{n}-\frac{1+r_t}{n}b_t-\frac{\varepsilon-\tau}{n}w_t-\bar{q}w_t \tag{30}$$

2　$1-nk_t^{1-\theta}>0$ の場合である。

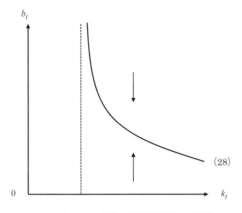

図6.5　1人当たり公債残高 b_t の動学

ここで、$\Delta k_t = k_{t+1} - k_t$ を定義すると、(30) は次のように変形できる。

$$\Delta k_t = \frac{(1-\alpha-\beta)(1-\tau)(1-\theta)k_t^\theta}{n} - \frac{1+r_t}{n}b_t - \frac{\varepsilon-\tau}{n}w_t - \bar{q}w_t - k_t \qquad (31)$$

$\Delta k_t = 0$ とすると、(31) は (22) と (23) を用いて、次のように示すことができる。

$$b_t = \frac{\left((1-\alpha-\beta)(1-\tau)-(\varepsilon-\tau+\bar{q})\right)(1-\theta)k_t}{\theta} - \frac{nk_t^{2-\theta}}{\theta} \qquad (32)$$

したがって、図6.6 を描くことができる。

$\Delta k_t > 0$ となる状態はどのような時か、それは (31) において

$\dfrac{(1-\alpha-\beta)(1-\tau)(1-\theta)k_t^\theta}{n} - \dfrac{1+r_t}{n}b_t - \dfrac{\varepsilon-\tau}{n}w_t - \bar{q}w_t - k_t > 0$ より、次のようになる。

$$b_t < \frac{\left((1-\alpha-\beta)(1-\tau)-(\varepsilon-\tau+\bar{q})\right)(1-\theta)k_t}{\theta} - \frac{nk_t^{2-\theta}}{\theta} \qquad (33)$$

すなわち、(32) で与えられた曲線の下の領域では所与の b_t に対して、k_t は増えることとなる。一方、曲線の上の領域では、k_t は減ることとなる。この変化の矢印をつけると図6.7のように示すことができるのである。

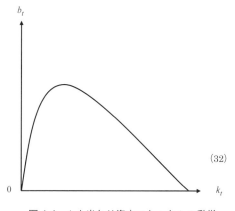

図 6.6　1 人当たり資本ストック k_t の動学

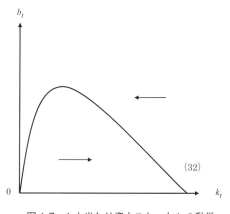

図 6.7　1 人当たり資本ストック k_t の動学

　よって、図 6.5 と図 6.7 を合わせると、k_t と b_t が時間を通じてどのように動くのかを示した位相図（図 6.8）を示すことができる。位相図は 2 パターン描くことができ、1 つ目は（28）と（32）が交わる場合、すなわち、定常状態を持つ場合である。

　2 つの定常均衡点があるが、A は安定的で B は不安定的である。初期時点における k_t と b_t の組み合わせが、点 A の周辺にある場合、時間を通じて、点 A の水準に収束する。しかし、初期時点における k_t と b_t の組み合

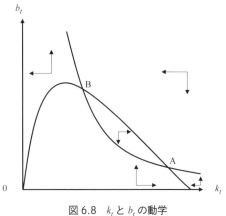

図6.8　k_t と b_t の動学

わせが点Cのようなところにある場合、時間を通じて、図6.9の曲線矢印で示されているように、b_t は増加を続けることになる。また、最初の局面では k_t もともに増えていくが、その後では、k_t は減少し、クラウディングアウトが起きているのである。一方で、初期時点が点Dの場合、時間を通じて安定的な定常状態に収束する。k_t は増加を続けるが、b_t は増加した後、減少に転じる経路をたどる。

　さて、ここで育児支援給付 $\bar{q}$ が増えた場合、安定的な定常状態における資本ストック k と公債残高 b はどうなるか見てみよう。(28) より育児

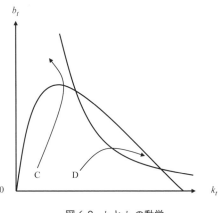

図6.9　k_t と b_t の動学

支援給付 $\bar{q}$ の増加は直接政府支出を増やすので、(28) を上シフトさせる
効果を持つが、しかし、人口成長率にあたる n も増やすので (28) を下シ
フトさせる効果も持つ。この下シフトさせる効果が大きい場合を考えよ
う。一方、(32)は育児支援給付 $\bar{q}$ の増加により下シフトする。以上より、
図 6.10 を描くことができる。

　この時、安定的な定常状態 A を見ると、1 人当たり公債残高は減少して
いるのが分かる。しかし、育児支援給付は 1 人当たり資本ストックを低下
させる効果もある。この効果が弱い場合、1 人当たり公債残高は減少する
が、(32) の下シフト効果が強く表れる場合、1 人当たり公債残高はかえっ
て増加することとなる（図 6.11 参照）。

　そして、図 6.12 は定常状態が存在しない場合である。仮に初期時点が
点 D で与えられる場合、時間を通じて、資本ストックは増加を続けた後、
減少に転じる。一方で、1 人当たり資本ストックは増加を続ける。このよ
うに定常状態が存在しないケースでは、公債残高は長期的に増加し続け、
発散してしまうことになる。

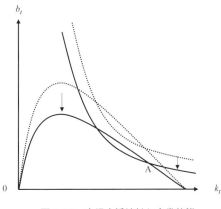

図 6.10　育児支援給付と定常状態

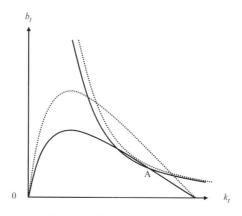

図 6.11　育児支援給付と定常状態
（1 人当たり公債残高が増加するケース。点線は変化前の曲線。実線は変化後の曲線）

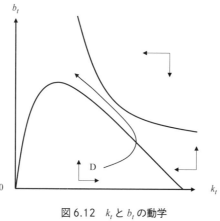

図 6.12　k_t と b_t の動学

参考文献

Ishida R., Oguro K. and Yasuoka M.（2018）"Population density, fertility, and childcare services: From the perspective of a two-region overlapping generations model," *Economic Analysis and Policy*, vol. 59, pp. 29–39.

Hayashida M. and Yasuoka M.（2012）"Pension system sustainability and public debt," The Society for Economic Studies The University of Kitakyushu Working Paper Series No. 2012–5.

Ono T.（2003）"Social security policy with public debt in an aging economy," *Journal of Population Economics*, vol.16（2）, pp. 363–387.

Yasuoka M. and Miyake A.（2013）"Public debt, child allowances and pension benefits with endogenous fertility," Economics, The Open-Access, Open-Assessment E-Journal, Kiel Institute for the World Economy, vol.7（11）, pp. 1–25.

データ参照

OECD Statistics https://stats.oecd.org/（2021 年 4 月 8 日）

謝　辞

　本書は、『少子高齢社会における経済分析』というタイトルであるが、具体的には、これまでの出生率内生化モデルに基づいた理論分析の研究成果をまとめたものである。出生率内生化モデルとは家計の効用最大化行動から子ども数が決定されるというモデルであり、人口動態の理論研究においては、幅広く用いられているモデルである。著者は、大学院生より今に至るまで、出生率内生化モデルを用いた理論研究を行ってきており、具体的には、出生率内生化モデルに基づいた育児支援政策の分析や、賦課方式年金の分析などをやってきた。この度、ある程度の研究成果がまとまったことと、独立行政法人日本学術振興会科学研究費助成事業「研究成果公開促進費」の交付を受けることができ、出版することとなった。交付を頂き感謝申し上げたい。

　ただ、本書は単にこれまでの研究成果をまとめたものではなく、専門または専門外の研究者だけでなく、学部上級生や大学院生も読むことができるように、これまで得られた研究成果の結果を変えることなく、モデル設定を簡素化して、できるだけ単純な出生率内生化モデルを用いて説明するように心がけた。また、最適化問題の考え方や動学的一般均衡を導出についても言及しており、現代の出生率内生化モデルを用いた研究の基礎的なモデル設定や、その分析手法については本書1冊で理解できるように心がけた。できた草稿をもとに関西学院大学経済学部で授業を行い、授業での感触などを踏まえて修正作業を重ねた。

　著者は実に多くの共同研究者に恵まれ、研究成果を公表することができた。また、学会や研究会での討論者や出席者から、有益なコメントを頂くなど非常に多くの方を謝辞に記載しなければならないため、ここでは大変申し訳ないが、大学院時代のゼミにてお世話になった足立英之先生、小塩隆士先生、中谷武先生、中村保先生には特に謝辞を申し上げたい。また、

関西学院大学出版会の田中直哉氏、戸坂美果氏、浅香雅代氏にもお礼を申し上げたい。私の科研の申請について相談に乗って頂いたり、つたない文章の校正作業をして頂いたりとお世話になった。最後に家庭の仕事を任せきりにさせてしまった妻の真理奈にもお礼を申し上げたい。

　　　2021 年 7 月　　　関西学院大学にて

索　引

142

【著者略歴】

安岡 匡也 (やすおか・まさや)

1978年愛知県生まれ。2001年名古屋市立大学経済学部卒業。2006年神戸大学大学院経済学研究科博士後期課程修了（博士（経済学））。北九州市立大学経済学部准教授、関西学院大学経済学部准教授を経て、現在関西学院大学経済学部教授。

主な著書、論文として『経済学で考える社会保障制度 第2版』（2021年、中央経済社）、『少子高齢社会における社会政策のあり方を考える』（2018年、関西学院大学出版会）、"Subsidies for Elderly Care with Pay-As-You-Go Pension"（Journal of the Economics of Ageing, 2020, Elsevier）, "How Should A Government Finance for Pension Benefit?"（Australian Economic Papers, 2021, Wiley）などがある。

少子高齢社会における経済分析

2021年11月1日初版第一刷発行

著　者　　安岡匡也

発行者　　田村和彦
発行所　　関西学院大学出版会
所在地　　〒662-0891
　　　　　兵庫県西宮市上ケ原一番町1-155
電　話　　0798-53-7002

印　刷　　株式会社クイックス